DISSERTATION

SUR

LES BIBLIOTHEQUES

Avec une Table Alphabétique, tant des Ouvrages publiés ſous le titre de *Bibliothéques*, que des Catalogues imprimés de pluſieurs Cabinets de France & des Pays étrangers.

A PARIS,

Chez { HUG. CHAUBERT, Quai des Auguſtins, à la Renommée.
HERISSANT, Imprimeur, rue Notre-Dame, à la Croix d'or. }

M. DCC. LVIII.

Avec Approbation & Privilége du Roi.

DISSERTATION SUR LES BIBLIOTHEQUES.

Avec une Table Alphabétique tant des Ouvrages publiés sous le titre de Bibliotheque que des Catalogues imprimés de plusieurs Cabinets de France & des Pays étrangers.

On appelle communément du nom de Bibliotheque les amas de plusieurs Livres & les lieux qui les contiennent : il est certain que dès qu'il y a eu des Livres, les hommes ont été assez curieux pour les conserver ; ainsi l'on peut assurer que les Bibliotheques sont aussi anciennes que les Livres. A l'égard des Livres Sacrés, il n'est pas douteux qu'ils n'aient été conservés dans le Temple & dans les Synagogues des Juifs : mais on ne peut pas donner le nom de Bibliotheque à ces dépôts qui ne contenoient que des Livres nécessaires pour la Religion. Les premiers Chrétiens n'avoient point d'autre Bibliotheque que les Livres de l'Ancien & du

Nouveau Testament qu'ils conservoient dans leurs Eglises : on y joignit depuis les actes des Martyrs, mais plusieurs Chrétiens s'étant adonnés aux Sciences, ils ramasserent beaucoup de Livres sacrés & profanes, & s'en servirent utilement pour la défense de la Religion.

La premiére Bibliotheque dont il est fait mention dans l'antiquité est celle de Ptolémée *Philadelphe*, composée par les soins de Démetrius Phaléreus qui devint dans la suite si nombreuse & si célèbre.

Ptolémée Soter qui avoit cultivé les Belles-Lettres, fonda à Alexandrie une espèce d'Académie à laquelle on donna le nom de *Museon*, où une société de Sçavans travailloient à des recherches de Philosophie, & à perfectionner toutes les autres sciences, à peu-près comme celles de Paris & de Londres ; & pour cet effet il leur donna une Bibliotheque qui s'augmenta prodigieusement sous ses successeurs. Son fils Philadelphe en mourant la laissa composée déja de plus de cent mille volumes, les Princes de cette race qui le suivirent l'augmenterent considérablement ; quelques Auteurs ont dit qu'elle étoit composée de sept cent mille volumes.

Cette Bibliotheque a eu differentes révolutions. Dans la guerre qu'eut Jules Cesar avec ceux d'Aléxandrie, un incendie en consuma la moitié : mais cette perte fut bientôt réparée, & cette Bibliotheque se trouva dans la suite plus nombreuse qu'auparavant. Elle a subsisté ainsi pendant un grand nombre de siécles, ses trésors étant ouverts aux Sçavans & aux Curieux jusqu'au septiéme siécle, qu'elle fut brûlée par les Sarazins, quand ils prirent la ville d'Aléxandrie l'an de grace 642.

Attalus Roi de Pergame & ses successeurs formerent une Bibliotheque considérable, & quoi qu'inférieure à celle des Ptolémées qui les avoient prévenus, celle-ci a surpassé les divers recueils dont l'antiquité nous a conservé le souvenir : en effet, Strabon reconnoit plusieurs Bibliotheques dans Pergame, & en cela il est d'accord avec Plutarque qui dit positivement qu'Antoine fit présent à Cléopatre de toutes celles qui rendoient cette ville une des plus illustres de l'Asie ; cet Auteur ajoûte que les volumes dont étoit composé ce dépôt, montoient au nombre de deux cent mille : mais il fait entendre en même temps que chaque volume en particulier ne contenoit qu'un seul & unique Traité.

— *Vz.* Mem. de l'Académie des Insc.

criptions & Belles-Lettres ; Tom. VII. p. 237. par M. l'Abbé Sevin.

La première Bibliotheque dont il soit parlé dans Rome est celle d'*Asinius Pollio*, Consul & Orateur Romain sous l'Empire d'Auguste l'an 714. de Rome ; il a écrit une histoire en 17. Livres comme Suidas l'a remarqué ; & il a laissé des Oraisons & des Tragédies comme Horace l'assure: Paul Emile fit venir à Rome la Bibliotheque de Persée Roi de Macedoine. Jule Cesar érigea une Bibliotheque digne de sa magnificence, & il en donna la garde à Varron dont les soins & les lumiéres contribuerent beaucoup à son augmentation. L'Empereur Auguste en érigea une autre sur le mont Palatin contre le Temple d'Apollon, dont Horace, Juvenal & Perse font mention. Vespasien en fonda une dans le Temple de la Paix à l'imitation d'Auguste & de Cesar.

Zonare rapporte que l'Empereur Constantin établit à Constantinople l'an 336. de Jésus-Christ une Bibliotheque qui fut augmentée par Théodose le jeune jusqu'au nombre de cent mille volumes ; mais il en périt une partie par l'incendie arrivé sous Léon III. dit l'Isorien mort le 18. Juin de l'an 741. de l'Ere commune, après un regne de 24. ans.

L'invaſion des Barbares fut fatale aux Bibliotheques de l'Empire, elles furent enſuite retablies par Theodoric en Italie, & par Charlemagne en France. Les Turcs détruiſirent toutes celles de l'Orient, mais le Grecs qui ſe ſauverent en Orient y apporterent une partie des manuſcrits.

Les principales Bibliotheques de l'Europe ſont à préſent celle du Vatican, commencée par le Pape Nicolas V. élu l'an 1447. & mort en 1455.) elle fut augmentée par Sixte IV. en 1472. & diſſipée au ſac de Rome par l'armée du Connétable Charles de Bourbon qui y fut tué l'an 1527. Le Pape Sixte V. qui étoit fort zélé pour les ſciences, & qui lui-même étoit très-ſçavant, non-ſeulement la rétablit en ſon entier, mais auſſi l'augmenta de beaucoup de livres imprimés & d'excellens manuſcrits.

—— *Vz.* L'hiſtoire de l'Académie des Belles-Lettres, tom. 11. p. 102.

Le Comte de Tilly Commandant des troupes Impériales, ayant pris Heidelberg en 1622. tranſporta à Rome la Bibliotheque Palatine formée & enrichie de toutes celles des Monaſteres que les Luthériens avoient détruits : ce ſupplément avec ce qui étoit resté des anciens Livres, a rendu la Bibliotheque Vaticanne l'une des plus considérables de toute l'Europe.

Celle du Roi de France ne lui cede point, tant pour les manuscrits que pour les Livres imprimés, elle étoit très-peu de chose en son commencement.

1364. Le Roi Jean laissa à son fils Charles V. un ancien fonds de Bibliotheque qui étoit peu nombreux ; mais ce sage Prince qui avoit du goût pour les Lettres s'attacha fort à augmenter ce petit trésor, de maniére qu'il forma un amas d'environ 900. volumes, nombre assez considérable dans un temps ou l'Imprimerie n'étoit point encore connue. Ces Livres étoient conservés dans trois chambres l'une sur l'autre en une des tours du Château du Louvre, qui fut nommé *la Tour de la Librairie.* La premiére chambre contenoit 269. volumes, celle du milieu 260. & la troisiéme 380. ce qui fait en total 909. volumes. L'on a encore l'inventaire ou le catalogue de cette Bibliotheque dressé en 1373. par Gilles
1373. Mallet qui en avoit la garde, & qui étoit valet de chambre du Roi Cherles V.

Ce Catalogue est rapporté dans l'histoire de l'Académie des Inscriptions &

Belles-Lettres. Tom. 1. p. 310. & Tom. 2. p. 747.

Après la mort de Gilles Mallet arrivée en 1410. Charles VI. donna la 1410.
garde de ſa Bibliotheque à Antoine des Eſſars Garde des deniers de l'Epargne ; puis après à Jean Maulin Clerc du Roi en ſa Chambre des Comptes, & à Garnier de ſaint Yon Echevin de la ville de
Paris par Lettres du 8. Mai 1412. Par 1412.
l'inventaire qui fut fait en 1411. des Livres de la Bibliotheque du Roi Charles VI. elle ne ſe trouva pas plus nombreuſe qu'elle étoit 38. ans auparavant, n'ayant été augmentée depuis l'inventaire fait par Gilles Mallet qu'à proportion des diminutions qu'elle avoit ſouffertes.

Peu de temps après la mort de Char- 1423.
les VI. il fut fait un nouvel inventaire par trois Commiſſaires de la Chambre des Comptes : on nomma auſſi trois Libraires pour faire la priſée des Livres dont le nombre n'étoit pas augmenté depuis le décès de Gilles Mallet, puiſqu'il ne s'en trouva que 853. Ils furent évalués à la ſomme de *deux mille trois cent vingt trois liv. 4. ſols*, ſomme conſidérable dans ce temps-là, & qui reviendroit aujourd'hu à plus de mille Louis de 24. liv.

Le 22. Juin 1425. les Anglois étant 1425.

pour lors maîtres de la ville de Paris, le Duc de Betfort qui prenoit la qualité de Régent du Royaume de France, se fit représenter ces mêmes Livres ; Garnier de saint Yon lui en rendit bon compte, & il continua de les avoir en sa garde jusques au 15. Octobre 1429. qu'il en fut pleinement déchargé par le même Duc qui les acheta pour les envoyer en Angleterre.

1429. Il est dit dans les Registres de la Chambre des Comptes que les Livres de la Tour du Louvre furent achetés *douze cent frans* par le Duc de Betfort, & que cette somme fut comptée à Pierre Thury entrepreneur du Mausolée du Roi Charles VI. & de la Reine Isabeau son épouse. Il y a beaucoup d'apparence que le Duc de Betfort fit passer la mer à ces Livres; mais quelque soin qu'il prit de les rassembler tous pour les enlever, on ne peut pas douter qu'il n'en soit resté un assez bon nombre entre les mains des Princes & des particuliers auxquels ils avoient été prêtés par les Bibliothecaires.

1449. Dreux Budé Notaire & Secretaire du Roi, & grand Audiencier de la Chancellerie de France en 1440. fut créé Garde des Sceaux & titres du Roi Charles VII.

l'an 1449. & Prevôt des Marchands de la ville de Paris le 19. Août 1452. —— *Vz* Blanchard hist. des Maîtres des Requêtes p. 168.

Hist. de la Chancellerie par Tessereau, t. 1. p. 47.

Robert Gaguin, Religieux de la Tri- 1463.
nité, homme très-sçavant en son temps, mérita par la grande connoissance qu'il avoit des Livres, la dignité de Bibliothecaire des Rois Louis XI. Charles VIII. & Louis XII. Il fut fait Général de son ordre, & fut employé en diverses Ambassades en Italie, en Allemagne & en Angleterre. Les Sçavans de son temps avoient beaucoup d'estime pour lui, & quelques-uns d'entre eux lui dédierent leurs Ouvrages. Gaguin en a écrit plusieurs dont Tritheme fait le dénombrement. Il mourut le 22. Juillet de l'an 1502. —— *Vz* Moreri. Memoires pour servir à l'histoire des Hommes Illustres par le P. Niceron, tom. 43. p. 1.

La Garde de la Bibliotheque Royale 1472.
qui étoit alors à Blois, fut confiée à Laurent Palmier, qu'on trouve employé en cette qualité dans les comptes de Jean Briçonnet Général des Finances de l'an 1472.

François I. le Pere & le Restaurateur 1515.

des Lettres, augmenta beaucoup sa Bibliotheque qui n'étoit composée au commencement de son regne que d'environ deux mille volumes; elle fut confiée au docte Pierre Gilles, dit Gillius, que ce Prince envoya dans la Grèce & dans l'Asie pour y chercher des manuscrits qui n'avoient pas encore été imprimés.

Ce même Roi forma aussi une Bibliotheque à Fontainebleau, dont il donna la garde à Guillaume Budé, qui sans contredit passa pour le plus sçavant homme de son temps. Il fut pourvu d'une charge de Maître des Requêtes de l'Hôtel du Roi le 21. Août 1522. Il l'exerça dignement jusqu'au 22. Août 1540. qu'il mourut à Paris âgé de 73. ans.

— *Vz* Hist. des Maîtres des Requêtes par Blanchard, pag. 250. — Histoire de l'Académie Royale des Inscriptions & Belles-Lettres, tom. 5. pag. 350.

La garde de cette importante Bibliotheque a toujours été confiée à des hommes d'un éminent sçavoir.

1540. Pierre du Chastel de la ville de Langres, succéda à Budé en qualité de Bibliothecaire du Roi, il a été un des plus doctes & des plus illustres Prélats qui aient vécu dans le seizième siécle; après avoir étudié à Dijon où il régenta à l'âge de dix-huit ans, il voyagea en Allemagne, & s'arrêta à Bâle où il fut très-consideré d'Erasme qui le fit Correcteur de l'Imprimerie de Froben. Depuis il étudia à Bourges, & ensuite il alla en Italie & dans la Grece où il acheva de se faire connoître. Il passa aussi à Constantinople en 1535. où il fit connoissance avec le sieur de la Forest qui étoit alors Ambassadeur à la Porte, * & qui le recommanda à François I. de même que le Cardinal Du Peron & quelques autres; ce Prince le fit son Lecteur & son Bibliothecaire en 1540. & l'éleva bientôt aux premiéres dignités de l'Eglise. Du Chastel en étoit digne par la probité de ses mœurs & par sa grande érudition. Il fut Evêque de Tulles, puis de Macon en 1544. ensuite grand Aumônier de France après la mort de Philippe de Cossé, par Lettres du 25. Novembre 1548. & enfin Evêque d'Orleans en 1550. où il mourut d'apopléxie en prêchant le 3. Février 1552. Sa vie a été écrite en Latin par Pierre Gallant Professeur au College Royal, & imprimée à Paris en 1674. *in*-8°.

—*Vz* Moreri. —Le P. Anselme, tom. 8. p. 266. D.

* *V.* Hist. des Ambassadeurs à la Porte Ottomane. Ms. par M. de V. n. 1. 2e partie.

—— Gallia Christiana edit. de 1656. p. 258.

—— Bayle sous nom de Castellan, &c.

1552. Après la mort de Pierre Du Chastel, Pierre de Mondoré natif d'Orleans, Conseiller au grand Conseil, fut pourvu de la charge de Bibliothecaire du Roi Henri II. c'étoit un homme d'un grand mérite au rapport du Chancelier de l'Hôpital qui a fait son éloge dans ses Poësies.

Musæ, vester honos, & gentis gloria nostræ
Concessit fatis patriæ Montaureus exul.

Puis il ajoûte faisant allusion à son nom:

. . . . Totus fuit aureus intus,
Aureus ingenio, doctrinæ, moribus aureis, &c.
Tantum illum talemque virum si Roma tulisset,
Aureus in summa staret Montaureus arce,
Aureus inque Foro & Rostris, tota aureus urbe.

Sainte Marthe l'a aussi placé parmi ceux des doctes François où il fait mention des Commentaires que Mondoré composa sur le 17e Livre d'Euclide.

Il avoit amassé une nombreuse Bibliotheque qui fut pillée à Orleans du temps du massacre des Huguenots. Il donna dans les opinions des Calvinistes, & mourut l'an 1571. à Sancerre dans le Berry où il s'étoit retiré pour cause de la Religion nouvelle au commencement des secondes Guerres Civiles, vers l'an 1567.

Jacques Amyot, fils d'un Boucher de 1567.
la ville de Melun, né le 30. Octobre 1514. mérita par sa science d'être Précepteur des Rois Charles IX. & Henri III. Charles IX. étant parvenu à la Couronne lui donna l'abbaye de saint Corneille de Compiegne, & le pourvut de la charge de grand Aumônier de France le 6. Décembre 1560. Il le fit son Bibliothecaire en 1567. & lui donna l'Evêché d'Auxerre en 1570. Henri III. le maintint en sa charge de grand Aumônier, & le fit Commandeur de l'Ordre du Saint-Esprit à la création de cet ordre au mois de Décembre 1578. avec cette prérogative pour les grands Aumôniers ses successeurs, d'être Commandeurs sans faire aucune preuve de noblesse suivant l'article X. des statuts de l'ordre. Le repos dont il jouissoit alors lui donnoit le temps de mettre la dernière main à ses Ouvrages & à ses traductions: mais s'étant jetté dans le parti de la Ligue en 1588. il fut privé de sa charge de grand Aumônier en 1591. & il se retira dans son Evêché où il mourut le 6. Février 1593. âgé de 79. ans.

—— *Vz.* La vie de Jacques Amyot écrite par Sebastien Rouillard, hist. de Melun page 604.

—— Moreri —— Bayle.

—— Le P. Anselme, tom. 8. p. 283.

1593. Jacques-Auguste de Thou, sçavant Historien & Président au Parlement de Paris, succéda à Amyot dans la charge de la Librairie & Garde de la Biblithe-qne du Roi. Il naquit à Paris le 9. Octobre 1553. & fut le troisiéme fils de Christophe de Thou premier Président du Parlement de Paris & de Jaqueline de Tulleu. Il étoit d'un tempéramment si délicat qu'on ne put lui faire commencer ses études qu'à l'âge de dix ans, & on le mit au College de Bourgogne. Cinq ans après sa sortie des classes, il fut entendre Denis Lambin & Jean Pellerin Professeurs en Langue Grecque au College Royal. Sur la fin de l'année 1570. il alla à Orleans étudier en Droit; comme il étoit d'abord destiné pour l'état Ecclésiastique, Nicolas de Thou son oncle, Conseiller au Parlement & Chanoine de Notre-Dame ayant été fait Evêque de Chartres lui résigna son Canonicat. Il fut reçu Conseiller Clerc au Parlement de Paris le 13. Décembre 1578. Jean de Thou son frere aîné étant mort le 5. Août 1579.

& son pere étant aussi décédé le 1. Novembre 1582. il quitta l'état Ecclésiastique, & se rendit à la sollicitation de ses oncles qui vouloient qu'il se mariât; s'étant défait de ses Benefices, il fut pourvu le 10. Avril 1584. d'une charge de Maître des Requêtes; il eut en 1586. la survivance de la charge de Président à Mortier que possédoit Auguste de Thou son oncle, & se maria l'année suivante : il fut fait Conseiller d'Etat au mois d'Août 1588. Il accompagna en Allemagne M. de Schombert qui y étoit allé de la part du Roi Henri III. & il passa ensuite à Venise où il apprit la funeste mort de ce Prince; cette nouvelle lui fit prendre la résolution de revenir en France, où il se rendit à Châteaudun auprès d'Henri IV. qui charmé de son sçavoir & de son intégrité l'admit dans son Conseil, & l'employa à plusieurs négociations. Après la mort de Jacques Amyot, le Roi le nomma en 1593 *Grand Maître de sa Bibliotheque* & voulut qu'il fût l'un des Commissaires Catholiques dans la célébre conférence de Fontainebleau entre Jacques Davy du Perron alors Evêque d'Evreux, & Philippe Duplessis Mornay. Pendant la Régence de la Reine Marie de Medicis, il fut un des Directeurs généraux des Finances avec

M. de Château-neuf, & le Président Jéannin ; il fut député à la conférence de Loudun & employé dans d'autres affaires importantes, parmi tant d'emplois dont il fut chargé, il trouva encore le loisir de travailler en particulier à l'avantage de la postérité ; car il composa en Latin l'histoire de son temps depuis l'an 1543. jusqu'à l'an 1607. en 138. Livres, Ouvrage comparable à ceux des Anciens par son sujet & par la maniére dont il est traité. Il fut imprimé à Genève en 1620. en cinq volumes *in-fol.* Le sieur Thomas Carte Anglois connu à Paris sous le nom de Philips a fait imprimer cette histoire à Londres en 1733. en 7. vol. *in-fol.* c'est sur cette édition que l'on en a donné une excellente traduction Françoise en 16. vol. *in-4°.* imprimés à Paris en 1734. quoique l'édition paroisse faite à Londres. M. de Thou a laissé aussi des Commentaires ou Mémoires sur sa vie qui sont dans l'édition de Genève. Il mourut à Paris le 17. Mai 1617. dans la 64e année de son âge, & fut inhumé dans sa Chapelle en l'Eglise de saint André des Arcs où l'on voit son mausolée que Jacques-Auguste de Thou son fils unique lui a fait ériger avec cette épitaphe.

A & Ω

A & Ω

JACOBO AUGUSTO THUANO;
CHRISTOPHORI FILIO;
IN REGNI CONSILIIS ADCESSORI;
AMPLISSIMI SENATUS PRÆSIDI;
LITTERARUM,
QUÆ RES DIVINAS,
ET HUMANAS AMPLECTUNTUR,
MAGNO BONORUM
ET ERUDITORUM CONSENSU,
PERITISSIMO;
VARIIS LEGATIONIBUS,
SUMMA SINCERITATE AC PRUDENTIA
FUNCTO;
VIRIS PRINCIPIBUS
ÆVO SUO LAUDATISSIMIS
EXIMIE CULTO
HISTORIARUM SCRIPTORI,
QUOD IPSÆ PASSIM LOQUUNTUR,
CELEBERRIMO;
CHRISTIANÆ PIETATIS ANTIQUÆ
RETINENTISSIMO.

VIXIT ANNOS LXIII.
MENSES VI. DIES XXIX.
OBIIT LUTETIÆ PARISIORUM
NON. MAII 1617.
PARCISSIME CENSUISSE VIDETUR,
QUI TALI VIRO SÆCULUM
DEFUISSE DIXIT.

B

Il avoit épousé 1°. l'an 1547. Marie de Barbançon, issue d'une des plus anciennes & nobles familles du pays de Haynaut, elle étoit fille de François de Barbançon Seigneur de Cany, tué à la bataille de saint Denis, & d'Antoinette de Vasiéres, & petite fille de Michel de Barbançon Lieutenant-Général au gouvernement de Picardie. Elle mourut sans enfans le 5. Août 1601. dans la 55e année de son âge.

Il épousa en secondes nôces Gasparde de la Châtre, fille de Gaspard de la Châtre, Comte de Nancey, Capitaine des Gardes du Corps du Roi & de Gabriel de Batarnay, dont il eut :

1. François-Auguste de Thou qui suit.

2. Achille-Auguste de Thou, Conseiller au Parlement de Bretagne, mort sans avoir pris d'alliance le 6. Avril 1635.

3. Jacques-Auguste de Thou Baron de Meslay, Président de la premiére Chambre des Enquêtes du Parlement de Paris & Ambassadeur en Hollande, qui épousa 1°. Marie Picardet, fille de Hugues Picardet, Procureur-Général du Parlement de Bourgogne, & de Marie Le Prevôt

morte au mois de Février 1663.

Il épousa en secondes nôces l'an 1686. Renée de la Marzeliére, morte sans enfans au mois de Juin 1691.

Du premier lit est venu Louis-Auguste de Thou, tenu sur les fonds baptismaux dans la Chapelle du Palais Royal par la Reine Anne d'Autriche Régente, & le Cardinal Mazarin le 9. Juillet 1646. il fut Abbé de Souillac. Et deux filles.

—— *Vz* Moreri. —— Histoire des Présidents du Parlement, par Blanchard p. 75. & 347.

—— Description de Paris par Piganiol de la Force, tom. 6. pag. 361. & suivantes.

—— Epitaphes de Paris tom. 1. Mſ.

—— Hommes-Illustres, par Perrault, tom. 1.

—— Le Pere Niceron, Mémoires pour servir à l'histoire des Hommes-Illustres, tom. 9. p. 309. & 359.

La Bibliotheque du Roi qui étoit à Fontainebleau s'étoit ressentie des tumultes & des désordres de la Ligue, dont quelques Ligueurs avoient pillé une partie des Livres. Pour prévenir d'autres dissipations qu'on pouvoit craindre tandis que la Ligue subsistoit, Henri IV. fit transporter à Paris cette Bibliotheque, dont aussi-bien à cause de l'éloignement la plûpart des Sçavans n'étoient pas à portée de profiter. Ces Livres furent placés rue saint Jacques au Collége de Clermont au commencement de l'année 1595. lorsque les Jésuites furent obligés d'abandonner ce Collége & le Royaume; mais cette Compagnie ayant obtenu la permission de revenir en France par édit donné à Rouen au mois de Septembre 1603. registré au Parlement de Paris le 2. Janvier suivant, la Bibliotheque du Roi fut transportée du Collége de Clermont en la rue de la Harpe dans une grande maison appartenante aux Cordeliers. Elle fut ensuite placée dans l'enceinte du grand Couvent de ces Peres.

En 1666. M. Colbert alors Controlleur-Général des finances & Surintendant des bâtimens, la fit transférer dans la rue Vivienne auprès de son Hôtel, dans la vue de la raprocher du Louvre, où le Roi Louis le Grand avoit dessein de la placer magnifiquement : mais elle resta dans la rue Vivienne jusqu'à l'année 1721. que le Roi Louis XV. ordonna par arrêt de son Conseil du 14. Septembre le transport de cette Bibliotheque à l'Hôtel de la

Banque rue de Richelieu, où elle est aujourd'hui avec cette inscription.

BIBLIOTHEQUE DU ROI.

Louis XIII. eut quelque envie de retablir à Fontainebleau une Bibliotheque Royale, mais ayant changé de sentiment, il fit seulement revivre le titre de garde de cette Bibliotheque en faveur d'Abel de sainte Marthe qui en fut pourvu dès l'année 1627. Abel son fils l'eut après lui, & fit ce qu'il pût pour engager Louis XIV. à exécuter le dessein qu'avoit eu Louis XIII. mais ce fut inutilement. Il mourut en 1706. & la charge de Garde de la Bibliotheque de Fontainebleau demeura vacante pendant quatorze ans, au bout desquels elle fut réunie à celle de Bibliothecaire du Roi, par édit du mois de Mars 1720. comme nous le dirons dans la suite.

Après la mort de Jacques de Thou, François-Auguste de Thou son fils aîné qui n'avoit que neuf ans hérita de la charge de Maître de la Librairie ; pendant la minorité du jeune Bibliothécaire, Nicolas Rigaut connu par divers Ouvrages qu'il a donnés au Public eut la direc- 1617.

tion de la Bibliotheque du Roi. Elle commença alors à prendre une nouvelle forme, & elle s'accrut infiniment dans la suite par la recherche & les acquisitions que nos Rois ont faites de plusieurs Manuscrits & Livres imprimés tant à Paris que dans le Royaume & dans tous les pays du monde, avec des soins & des dépenses extraordinaires.

François-Auguste de Thou, reçu Conseiller au Parlement de Paris le 8. Mars 1624. puis Maître des Requêtes le 25. Août 1731. & Conseiller du Roi en tous ses Conseils d'État & privé, avec la charge de Bibliothecaire du Roi, hérita aussi de la profonde érudition de son pere, & la douceur de ses mœurs le fit aimer & rechercher de tous les Sçavans de son temps qui admiroient son esprit. Il eut la tête tranchée à Lyon le 12. Septembre 1642. pour n'avoir pas révélé le secret d'une conspiration contre le Cardinal de Richelieu que lui avoit confié Henri d'Effiat Marquis de Cinq-Mars, il mourut sans alliance âgé de 35. ans. On admire sa présence d'esprit & sa tranquillité dans l'Inscription qu'il écrivit de sa main une heure avant sa mort, pour être mise en une Chapelle qu'il avoit fondée aux Cordeliers de Tarascon, pour s'acquitter d'un vœu qu'il avoit fait étant en cette ville au commencement de sa prison.

CHRISTO LIBERATORI,
VOTUM IN CARCERE CONCEPTUM
FRANCISCUS AUGUSTUS THUANUS
E CARCERE JAMJAM LIBERANDUS
MERITO SOLVIT 12. SEPT. 1642.

Confitebor tibi, Domine, quoniam exaudisti me, & factus es mihi in salutem.

— *Vz.* Mémoires historiques.

Le célébre Pierre Du Puy a fait des Mémoires pour la justification de M. de Thou. On trouve dans ces Mémoires une rélation de tout ce qui s'est passé au procès criminel fait à M. de Thou, & des moyens qui ont été pris pour le condamner à mort ; un détail des chefs d'accusation avec les réponses de Pierre Du Puy, &c. Ces Mémoires, qui sont une piéce très-curieuse & bien raisonnée, sont imprimés à la fin du quinziéme volume de la traduction de l'Histoire de Jacques-Auguste de Thou, avec plusieurs piéces servant au même but. — *Vz.* Moreti. — Hist. des Maîtres des Requêtes, Mſ. N° 12. & 228.

Pierre Du Puy Conseiller du Roi en ses Conseils, fils de Claude Du Puy Conseiller au Parlement, & de Claude Sanguin, fut aussi Garde de la Bibliotheque du Roi; il fut élevé avec un soin extrême par son pere, & il s'attacha si fortement à l'étude que par son assiduité au travail il devint sçavant en toutes sortes de Littérature, principalement en Droit & en Histoire. M. le Président de Thou qui étoit son allié, & le célébre Nicolas Rigault Directeur de la Bibliotheque du Roi dont nous venons de parler, étoient ses amis les plus intimes, & il fut très-uni avec les plus habiles gens de son temps. Il prit avec Jacques Du Puy son frere & Nicolas Rigault le soin des éditions de l'histoire de M. de Thou, des années 1620. & 1626. Il est aussi Auteur de plusieurs Ouvrages dont les principaux sont :

Traité touchant les droits du Roi sur plusieurs Etats & Seigneuries. — Preuves des libertés de l'Eglise Gallicane. — Histoire de la condamnation de l'ordre des Templiers. — Histoire générale du Schisme qui a été en l'Eglise depuis l'an 1378. jusqu'en l'année 1428. —— Différend entre le S. Siége & les Empereurs pour les investitures. —— Histoire du différend entre le Pape Boniface VIII. & le Roi Philippe Le Bel -- de la loi Salique. —— Histoire des Favoris. —— Histoire de la Pragmatique Sanction. —— Du Concordat de Bologne entre le Pape Léon X. & le Roi François I. —— Traité des appanages des enfans de France. —— De la confiscation pour crime de Leze-Majesté. —— Que le Domaine de la couronne est inaliénable. --- Si la prescription a droit entre les Princes & les Souverains. —— Traité des Régences & Majorité des Rois de France. —— Traité des contributions que les Ecclésiastiques doivent au Roi en cas de nécessité. —— Mémoires du droit d'Aubaine. —— Mémoires pour la justification de François-Auguste de Thou, dont nous avons ci-devant fait mention dans l'article précédent concernant M. de Thou, &c. Tous ces Ouvrages font parfaitement connoître la vaste érudition de M. Du Puy qui mourut à Paris le 14. Décembre 1652. âgé de 69. ans & un mois. Nicolas Rigault son ami écrivit sa vie, qui a été imprimée à Londres en 1681. dans un Recueil *in*-4° intitulé *Vitæ selectæ*: Henri de Vallois fit son Oraison funèbre . . . .

Jacques Du Puy Prieur de S. Sauveur,

frere de Pierre Du Puy l'aida dans tous ses Ouvrages & en publia le plus grand nombre; il fut aussi Garde de la Bibliotheque du Roi, & mourut le 17. Novembre 1656. Cette Bibliotheque a été considérablement augmentée par le don que ces deux freres lui firent par leurs testamens.

Mrs du Puy avoient aussi un frere aîné d'un rare mérite nommé Christophe, qui fut Aumônier du Roi Louis XIII. & suivit à Rome le Cardinal de Joyeuse, en qualité de son Protonotaire. Etant de retour en France il se rendit Chartreux à Bourg-Fontaine, & mourut fort âgé prieur de la Chartreuse de Rome, où il avoit fait faire tous les embellissemens dont ce lieu est susceptible. C'est lui qui a donné au Public le *Perroniana* pendant qu'il étoit Aumônier du Roi, & près du Cardinal Du Perron. Ce recueil a été imprimé à Geneve en 1667. & à Rouen en 1669.

1642. Jérôme Bignon premier du nom dont le mérite & la famille sont si connus dans la République des Lettres, fut choisi par le Roi Louis XIII. en 1642. pour remplir la charge de Bibliothécaire. Il naquit à Paris le 24. Août 1589. de Roland Bignon, célébre Avocat d'une famille noble

& ancienne du Pays d'Anjou, & de Marie Ogier, fille de Christophe Ogier Avocat au Parlement de Paris; titre qu'honoroient alors la plûpart des gens de naissance & de mérite, & qui étoient prévenus d'une espéce d'aversion contre la vénalité des charges. Ce sçavant & tendre pere ne voulut confier qu'à soi-même l'éducation d'un fils dont le naturel promettoit infiniment. Sous ce maître consommé dans toutes sortes de sciences, le jeune Bignon apprit les Langues, les humanités, l'éloquence, la Philosophie, les Mathématiques, l'Histoire, la Jurisprudence & la Théologie. Plein de ces connoissances qu'il avoit épuisées avec rapidité, il fit part au Public des fruits surprenants de ses méditations dans un âge où les autres enfans ont à peine jetté les premiers fondemens de leurs études. A dix ans il publia sa *Chorographie*, ou description de la Terre Sainte; & quatre ans après il donna les deux Traités, l'un des *Antiquités Romaines*, ensuite celui de l'*Election des Papes*, matiére assez peu connue dans ce temps-là. Le premier Livre fut imprimé à Paris en 1604. Le second en 1605. & celui-ci eut un tel succés qu'en moins d'une année on en fit trois éditions. Ces derniers Ouvrages firent grand bruit parmi les Sçavans déja surpris de son coup d'essai. Le Roi Henri le Grand ayant entendu parler de lui voulut le voir, & après l'avoir goûté dans quelques conversations, le choisit pour être en qualité d'enfant d'honneur auprès du Dauphin qui fut depuis le Roi Louis XIII. Le jeune Bignon parut à la Cour avec des manieres tout-à-fait aisées & polies. L'austérité d'une étude assidue n'avoit point obscurci les dispositions naturelles qu'il avoit pour le grand monde, & le tumulte ni les engagemens de la Cour ne furent point capables d'affoiblir l'inclination qu'il se sentoit pour les sciences. Il composa en ce temps-là (1610.) un Traité de l'*Excellence des Rois & du Royaume de France*, pour prouver que les Rois de France doivent avoir la préséance sur tous les autres Rois. Il dédia cet Ouvrage au Roi Henri IV. qui l'engagea par ordre exprès à pousser plus loin ses recherches sur cette matiére; mais la mort funeste de ce Prince, arrivée peu de temps après, interrompit ce projet, & détermina même M. Bignon à se retirer de la Cour; cependant ce ne fut pas pour longtemps, il y fut bientôt rappellé à la sollicitation de Nicolas Le Fevre, nouveau Précepteur du jeune Roi Louis XIII.

& il ne put se défendre d'y demeurer jusqu'à la mort de cet ami. Il profita de cet intervalle pour travailler à l'édition *des Formules de Marculphe* qu'il mit au jour en 1613. avec des notes très-sçavantes.

En 1614. il fit un voyage en Italie, & y visita par-tout les plus illustres d'entre les Sçavans qu'il convainquit par sa présence de ce que la renommée leur avoit annoncé de plus incroyable en sa faveur. Le Pape Paul V. lui donna des preuves convainquantes de son estime, le Cardinal de sainte Suzanne qui n'étoit alors que Secretaire des Brefs, établit avec lui un commerce d'amitié très-étroite, & le célébre Fra-Paolo charmé de sa conversation, l'arrêta quelque temps à Venise pour en profiter.

Au retour de ce voyage, M. Bignon se dévoua tout entier aux exercices du Barreau, où ses premieres actions eurent un grand succès. Son pere le fit pourvoir en 1620. d'une charge d'Avocat-général au grand Conseil, & la réputation qu'il s'aquit dans ce poste, fut si grande que le Roi quelque temps après le nomma Conseiller d'Etat, & enfin Avocat-général au Parlement de Paris, à la place de M. Servien sur la fin de l'année 1625.

Tout le monde applaudit à ce choix, & en effet jamais cette importante place n'avoit été remplie plus dignement. En 1641. résolu de ne plus vaquer qu'aux emplois qui l'occupoient dans le Conseil d'Etat, il céda sa charge d'Avocat-général à Etienne Briquet son gendre.

L'année suivante, le Cardinal de Richelieu quoi qu'assez mal intentionné à son égard, le fit nommer Grand-Maître de la Bibliotheque du Roi, dans la persuasion que le Public le destinoit par avance à cette charge, & que c'étoit l'unique voie de se reconcilier avec les honnêtes Gens & les Sçavans indignés de la mort de M. de Thou son prédécesseur en cette charge. Ses provisions sont du 25. Octobre 1642. & sa prestation de serment entre les mains du Chancelier Seguier du 8. Mai 1643. L'amour que M. Bignon conservoit pour les Belles-Lettres lui avoit fait accepter cette charge, & son désintéressement lui fit refuser dans la suite celle de Surintendant des Finances.

M. Briquet son gendre étant mort en 1645. il fut obligé de reprendre sa charge pour la conserver à son fils aîné, & continua de l'exercer jusques à sa mort, quoique de premier Avocat-général il fût devenu le second. Il obtint en 1651 pour son fils la survivance de sa charge de Maître de la Librairie. Ce sçavant Magistrat fut aussi employé à diverses affaires importantes pour l'Etat ; la Reine Anne d'Autriche l'appella pendant sa Régence à tous ses Conseils jusqu'à sa mort, arrivée à Paris le 7. Avril 1656. dans la 67e année de son âge. Il fut inhumé le lendemain en l'Eglise de saint Nicolas du Chardonnet, où l'on voit son mausolée & son buste de marbre au-dessous duquel on lit ces mots :

HIERONIMUS BIGNON,

SUI SÆCULI AMOR, DECUS,

EXEMPLUM, MIRACULUM.

Obiit anno 1656. 7. Avril. ætatis 67.

Et plus bas, sur une table de marbre noir, on lit son Epitaphe qui est trop longue pour la rapporter ici, on pourra la voir dans la description de Paris par Piganiol de la Force, tom. 4. p. 698. & à la fin de la vie de M. Bignon par l'Abbé Peran, pag. 149. 2e partie. La plus grande partie des piéces qui furent composées pour honorer la mémoire de M. Bignon forment un volume *in*-4°. intitulé : *Elo-*

gium seu Breviarium vitæ Hieronimi Bignon, Paris. 1657.

Il n'avoit jamais voulu permettre qu'on fît son portrait : mais on le tira pendant qu'il portoit la parole à la grande Chambre, c'est pour cela que Lochon qui l'a gravé, a mis au bas ces mots : *R. Lochon ad vivum furtim delineavit.*

On trouve sa vie & le catalogue de ses Ouvrages dans les Mémoires du P. Niceron imprimés à Paris chez Briasson en 1733. tom. 23. p. 158. & suivantes. — Sa vie a aussi été écrite par l'Abbé Péraut, & imprimée à Paris en 1757. *in*-12. — *Vz.* Moreri — Hist. des Maîtres des Requêtes. Mss. &c.

Il avoit épousé le 1. Février 1622. Catherine Bachasson, fille de Jean Bachasson Receveur-général des Finances, & de Marie Passart dont il eut :

1. Jerôme Bignon qui lui succéda en ses charges d'Avocat-général & de Bibliothécaire du Roi, qui suit:

2. Thierry Bignon, né en 1632. Conseiller au Parlement le 4. Août 1656. Maître des Requêtes par Lettres du 10. Mars 1663. Président au grand Conseil en 1671. puis premier Président de cette Cour souveraine le 7. Avril 1690. mort le

le 19. Janvier 1697. quatre jours après son frere aîné; & ne laissa de Françoise Talon sa femme, morte le 23. Juin 1690. que Marie-Anne Françoise Bignon mariée le 7. Novembre 1678. à Michel-François de Verthamont, Maître des Requêtes le 1. Juin 1677. puis premier Président du Grand-Conseil en 1697. après la mort de son beau-pere qui mourut sans laisser d'autre postérité le 2. Janvier 1738. âgé de 84. ans, & fut inhumé en l'Eglise des Minimes de la place-royale.

— *Vz.* Hist. des Maîtres des Requêtes. Mss. N°. 469.

3. Marie Bignon mariée à Etienne Briquet, Avocat-général au Parlement de Paris, en 1641. mort en 1645. dont il a été fait mention ci-dessus.

Jerôme Bignon II. du nom, fils aîné 1656.
de Jerôme Bignon & de Catherine Bachasson, né à Paris le 11. Novembre 1627. fut héritier des vertus de son illustre pere, aussi-bien que de ses charges d'Avocat-général & grand Maître de la Bibliotheque du Roi Louis XIV. Il avoit obtenu dès l'année 1651. la survivance de cette charge; ses provisions sont du 20 Septembre, & la prestation de serment du 26. du même mois. Il exerça la charge d'Avocat-général depuis la mort de son pere

en 1656. jusques en 1673. qu'il fut reçu Conseiller d'honneur au Parlement. Le Roi le nomma Conseiller d'Etat en 1678. & chef du nouveau Conseil établi en 1696. pour l'enregistrement des armoiries.

Il joignit à beaucoup de capacité & & de littérature des sentimens de probité, de droiture, de douceur & de modestie qui lui avoient justement attiré l'amour & l'admiration de tout le monde. Il mourut le 15. Janvier 1697. âgé de 70. ans, & fut inhumé dans la Chapelle de sa maison à saint Nicolas du Chardonnet.

Il avoit épousé Suzanne Philippaux de Pontchartrain, morte le 24. Mars 1690. Elle étoit fille de Louis Philippaux Seigneur de Pontchartrain, Président de la Chambre des Comptes, morte en 1685. & de Suzanne Talon dont il eut quatre fils.

1. Jerôme Bignon III. du nom né le 11. Août 1658. successivement Avocat du Roi au Châtelet de Paris en 1679. Conseiller au Parlement le 30. Août 1685. Maître des Requêtes en 1689. Intendant de Rouen, puis d'Amiens & d'Artois en 1694. Conseiller d'Etat en 1698. & Prevôt des Marchands de la ville de Paris en 1708. mourut à Paris le 5. Décembre 1725. dans

la soixante-huitiéme année de son âge.

Il avoit épousé le 26. Septembre 1685. Françoise Marthe Billard, fille de feu Germain Billard, fameux Avocat au Parlement de Paris & d'Helene Metivier; elle mourut sans postérité le 7. Janvier 1746. âgée de 82. ans.

— *Vz.* Hist. des Maîtres des Requêtes. Ms. N. 525.

2. Louis Bignon, Sous-Lieutenant au Regiment des Gardes Françoises, en 1679. Lieutenant en 1682. Capitaine en 1687. & Major-Général des armées du Roi, mort sans avoir pris d'alliance.

3. Jean Paul Bignon, Abbé de S. Quentin en l'Isle, Bibliothécaire du Roi, qui 3.
suivra en 1718.

4. Arnaud Roland Bignon Seigneur de
Blanzy, né le 25. Septembre 1666. Avo- 4.
cat-général de la Cour des Aydes le 3. Mai 1689. Maître des Requêtes en 1693. Intendant des Finances & Conseiller d'Etat en Septembre 1699. se démit de l'intendance des Finances au mois d'Août 1709. & fut nommé le 18. du même mois Intendant de Paris; il mourut le 27. Mai 1724. dans la 58e année de son âge, & fut inhumé dans la Chapelle de sa famille, en l'Eglise de saint Nicolas du Chardonnet.

Il avoit épousé 1° en 1691, Marie-Françoise Brunet, fille de Jean-Baptiste Brunet, Seigneur de Chailly, Travoisy, &c. Garde du trésor Royal, morte sans enfans le 10. Mai 1692.

2° Le 4. Janvier 1697. Françoise Hebert, Fille de Jean-Pierre Hebert, Seigneur du Buc, Maître des Requêtes en 1675. & de Françoise l'Avocat, dont:

1. Jerôme Bignon IV. du nom, Maître des Requêtes & Bibliothécaire du Roi, duquel il sera parlé ci-après.

2. Paul Roland Bignon, sous-Lieutenant au Régiment des Gardes Françoises en 1718. tué par accident au mois de Juillet 1720. en sa 19e année.

3. Armand-Jerôme Bignon Bibliothécaire du Roi en 1743. dont il sera fait mention en son rang.

4. Françoise Suzanne Bignon, née en Juillet 1699, mariée le 20. Septembre 1720. avec Gilles Brunet d'Eury, Maître des Requêtes en 1709. dont plusieurs enfans; elle est morte le 16. Février 1738. âgée de 39. ans. & fut inhumée en l'Eglise de saint Nicolas du Chardonnet.

—— *Vz.* Hist. des Maîtres des Requêtes. Ms. N° 606.

5. Louise Bignon née en May 1700. mariée le 16. Avril 1721. à Charles de

Romé Seigneur de Fresquiennes, Président à Mortier au Parlement de Rouen, reçu le 9. Avril 1723. dont postérité.

En 1684. les deux charges de Maître & Garde de la Librairie qui avoient été possedées distinctement furent réunies en la personne de Camille le Tellier, dit l'Abbé de Louvois, né à Paris le 11. Avril 1675. Jumeau d'une sœur qui ne vécut que cinq ou six ans ; il étoit le quatriéme fils de François Michel Le Tellier, Marquis de Louvois, Ministre & Secretaire d'Etat, & d'Anne de Souvré fille unique du Marquis de Souvré, premier Gentilhomme de la chambre du Roi, & de Marguerite Barentin. Il fut reçu Docteur de Sorbonne le 18. Mars 1700. Chanoine de Reims, Grand-Vicaire & Official de son oncle Charles Maurice Le Tellier Archevêque de Reims en 1701. Abbé de Bourgeuil & de Vauluisant, *Bibliothécaire du Roi en* 1684. Intendant & Garde des Medailles & Antiques de S. M. sur la fin de l'année 1700. Il fit un voyage en Italie où il acheta 3000. volumes de Livres qui manquoient à la Bibliotheque du Roi ; il augmenta encore cette Bibliotheque, non-seulement de plus de trente mille volumes imprimés, mais aussi d'un grand nombre de manuscrits, dont les plus con- 1684.

sidérables sont ceux de l'Archevêque de Reims son oncle, de Mrs Favre, Bigot, Thevenot, de Gagniéres & d'Hozier. Il fut reçu en 1699. Honoraire de l'Académie Royale des Sciences, puis à l'Académie Françoise en 1706. & dans celle des Inscriptions & Belles-Lettres en 1708.

Il fut nommé à l'Evêché de Clermont en 1717. mais la foiblesse de sa santé l'engagea à refuser cette nomination; en effet il mourut le 5. Novembre 1718. huit jours après l'opération de la pierre, âgé de 44. ans & demi.

—— *Vz* Son éloge, Hist. de l'Académie des Inscriptions & Belles-Lettres, tom. 5. p. 367. —— Moreri.

—— Hist. des Secretaires d'Etat par Du Tot. p. 302. 331.

Jean Paul Bignon Abbé de saint Quentin en l'Isle, l'un des quarante de l'Académie Françoise, & Honoraire de celle des Inscriptions & Belles-Lettres, fut Bibliothécaire du Roi en 1718. (ses provisions sont du 15. Septembre, & il prêta serment le 18. du même mois,) après la mort de l'Abbé de Louvois; il réunit à cette charge, celle de Bibliothécaire de Fontainebleau qu'avoit possédée feu M. de Sainte-Marthe dernier titulaire; il traita en même temps du brevet de

Garde des Livres du Cabinet du Louvre avec M. Dacier qui en étoit pourvu. C'est à ce sçavant homme que la Bibliotheque du Roi & l'Académie des Inscriptions & Belles-Lettres doivent leur principal lustre. Il est inutile de parler ici de son mérite & de sa science que tous les Sçavans connoissent, & qui est héréditaire à cette famille de même que la charge de Bibliothécaire du Roi. M. l'Abbé Bignon est mort Doyen des Conseillers d'Etat le 14. Mars 1743. dans la 81e année de son âge, étant né le 19. Septembre 1662.

——. *Vz.* Moreri.

——*Vz.* Son éloge dans l'Académie des Inscriptions & Belles-Lettres, tom. 16. p. 367. — Id. t. 5. p. 374.

—— Jerôme Bignon de Blanzy, neveu du précédent fut reçu en survivance de l'Abbé Bignon son oncle en la charge de Bibliothécaire du Roi, (ses provisions sont du premier Septembre 1722.) mais il ne lui succéda pas, étant mort sept jours avant lui, le 7. Mars 1743. dans la 45e année de son âge. Il fut reçu Conseiller au Parlement le 8. Janvier 1717. Maître des Requêtes le 20. Septembre 1719. Intendant de la Rochelle en 1726. puis de Soissons au mois de Janvier 1737. Conſeiller d'Etat en 1743. & Académicien honoraire de l'Académie des Belles-Lettres le 2. Février ſuivant. Il étoit fils aîné de Roland Armand Bignon, Conſeiller d'Etat & Intendant de Paris, dont il a été fait mention ci-deſſus. Il eſt mort ſans laiſſer de poſtérité d'Heleine-Eliſabeth Moreau, qu'il avoit épouſée le 31. Août 1724. Elle étoit fille de Jean Moreau Seigneur de Blanzy, Baron de ſaint Just, Controlleur général de la grande Chancellerie, & d'Anne Gonet ſa ſeconde femme.

—— *Vz* Hiſt. de l'Académie des Inſcriptions & Belles-Lettres, t. XVI. pag. 379.

—— Hiſt. des Maîtres des Requêtes.
1743. Mſ. N° 537. & 661.

Il eut pour ſucceſſeur dans la charge de Bibliothécaire du Roi Armand-Jerôme Bignon ſon frere, Chevalier, Avocat-général du grand Conſeil le 2. Septembre 1729. Maître des Requêtes le 16. Mai 1737. reçu à l'Académie Françoiſe à la place de l'Abbé Bignon ſon oncle le 27. Juin 1743. & honoraire de l'académie des Belles Lettres en 1751. C'eſt le cinquiéme de ſon nom qui a été pourvu de la charge de Bibliothécaire du Roi. Il eſt né le 17. Octobre 1711. a épouſé le 4. Août

1736. Blanche Hue de Vermanoir dont plusieurs enfans; fut reçu Prevôt & Maître des Cérémonies de l'Ordre du Saint-Esprit, en 1754. dont il prêta serment entre les mains du Roi le 8. Septembre.

—— *Vz.* Hist. des Maîtres des Requêtes. Mſ. N° 737.

—— Hist. de l'Académie des Inscriptions, tom. 16. p. 380.

—— Etat de la France, Paris, 1749. t. 4. p. 105.

Les Gardes de la Bibliotheque du Roi sont aujourd'hui Monsieur l'Abbé Sallier, Professeur Royal en Langue Hébraïque, de l'Académie Françoise, de celle des Inscriptions & Belles-Lettres, de la Société Royale de Londres & de l'Académie de Berlin.

M. Melot de l'Académie des Inscriptions & Belles-Lettres.

Cette Bibliotheque est ouverte au Pu- 1. *
blic, les Mardi & Vendredi matin. Elle tient sans contredit le premier rang entre toutes les Bibliotheques, soit pour le nombre des Manuscrits & des Livres imprimés qu'elle contient, & par le précieux assemblage de Médailles & piéces Antiques dont elle est enrichie, soit par la magni-

ficence des bâtimens où elle est logée depuis l'année 1721. Le Roi a donné des Lettres patentes en 1724. enregistrées au Parlement le 16. Mai, & en la Chambre des Comptes le 15. Juin de la même année, par lesquelles S. M. affecte à perpétuité cet Hôtel au logement de sa Bibliotheque; elle est composée de plus de cent cinquante mille volumes, dont 50000. mille Manuscrits & plus de cent mille Livres imprimés. On en imprime actuellement le Catalogue qui sera d'environ 24. ou 25. volumes *in-folio*. Les six premiers volumes ont paru en 1739. & 42. & le 10e en 1753.

Le nombre de ces Livres augmente chaque jour; car outre les acquisitions nouvelles que le Roi fait dans tous les pays du monde, tous les Sçavans s'empressent d'enrichir cette Bibliotheque de leurs Ouvrages.

Dès l'année 1556. le Roi Henri II. avoit rendu une Ordonnance qui enjoint aux Libraires de fournir aux Bibliotheques Royales un exemplaire en velin & relié de tous les Livres qu'ils imprimeroient par privilége.

Louis XIII. par son Edit du mois d'Août 1617. registré au Parlement le 7. Septembre, ordonna qu'il ſeroit remis en ſa Bibliotheque deux exemplaires de tous les Livres qui ſeroient imprimés; & par Lettres patentes du mois d'Août 1658. Louis XIV. ordonna que les Libraires fourniroient un exemplaire de tous les Livres imprimés dans le Cabinet & Bibliotheque particuliére du Roi. Cette Ordonnance a été renouvellée par arrêt du Conſeil d'Etat du 31. Janvier 1689. qui porte que » Tous les Auteurs, Libraires Im» primeurs & Graveurs qui auroient obte» nu des priviléges depuis l'année 1652. » & qui n'auroient pas fourni à la Bi» bliotheque du Roi les exemplaires de » leurs Livres & Eſtampes, ſeroient te» nus de les fournir au Garde de la Bi» bliotheque Royale quinze jours après » la ſignification de l'arrêt, *ſous peine de » confiſcation & de quinze cent liv. d'a» mende.* «

La déclaration donnée en forme de Réglement pour la Librairie eſt rappellée dans le Réglement de 1704. & ce Réglement a toujours été obſervé depuis, en ce qui regarde les exemplaires qui doivent être remis ſoit au Cabinet du Louvre, ſoit au cabinet du Roi. Mais par arrêt du Conſeil d'Etat du 11. Octobre 1720. on n'eſt plus obligé de fournir un exemplaire au Cabinet du Louvre, mais seulement deux à la Bibliotheque du Roi.

Après cette Bibliotheque, on doit donner le premier rang à celles qui sont publiques, que nous distinguerons par cette marque. *

2. * La Bibliotheque des Chanoines réguliers de saint Victor, rue des fossés saint Victor, est aussi ancienne que leur mai-
1103. son qui fut fondée en 1103. Elle étoit fort estimée du temps même de François I. à cause des manuscrits & des belles éditions que l'on y voyoit; elle fut dans la suite considérablement augmentée par la libéralité de plusieurs personnes, particuliérement de M. Du Bouchet De Bournonville qui en fut un des premiers bienfaiteurs, & par M. de Tralage neveu de M. de la Reynie Lieutenant-général de Police de la ville de Paris, deux Sçavans des plus célébres de leur siécle. Cette Bibliotheque est très-considérable par rapport aux Livres Théologiques & Ecclésiastiques; on y trouve un assez grand nombre d'anciennes éditions. Elle contient aussi plusieurs manuscrits très-estimables, sur-tout par rapport à l'histoire Ecclésiastique, de sorte qu'à ce dernier égard elle

paroît préférable à pluſieurs autres Bibliotheques, on y entre les Lundi, Mercredi & Samedi à l'exception des fêtes. Ses Vacances ſont depuis le 15 d'Août juſqu'à la ſaint Luc 18. Octobre.

M. le Préſident Couſin mort le 26. Février 1707. a legué ſa Bibliotheque à ſaint Victor, avec un fonds de vingt mille liv. pour l'entretenir à condition qu'elle ſeroit publique, & que le jour de l'anniverſaire de ſon décès (26. Février) on y célébreroit une Meſſe haute, & que l'on y prononceroit un diſcours ſur l'utilité des Bibliotheques publiques.

La Bibliotheque Mazarine eſt dans un 3.* pavillon du Collége des quatre Nations; elle a été formée par les ſoins du fameux Gabriel Naudé. On y voyoit autrefois plus de quarante mille volumes du vivant du Cardinal Mazarin rue de Richelieu: mais ce Miniſtre ayant été obligé de ſortir de Paris dans le temps des troubles, ſa Bibliotheque fut vendue par ordre du Parlement, & l'on tranſporta les manuſcrits dans celle du Roi. Le Cardinal après ſon retour à Paris, rétablit ſa Bibliotheque avec beaucoup de ſoin. Elle contient aujourd'hui environ trente-ſept mille volumes, mais il n'y a point de manuſcrits; elle eſt publique depuis l'an 1688. & on y entre les Lundi & Jeudi. Ses vacances sont depuis le 1. Août jusqu'à la Toussaint.

4. * La Bibliotheque des Avocats, Cloître Notre-Dame, est dans une salle de l'Archevêché. M. de Riparfond célébre Avocat au Parlement de Paris, a laissé sa Bibliotheque à l'ordre des Avocats, à condition que le Public en jouira pendant quelques jours de la semaine. Elle est publique depuis le 5. Mai 1708. on y entre les Lundi, Mardi & Jeudi. Les conférences de charité s'y tiennent le Mardi, & celles de doctrine le Samedi. Mrs les Avocats & autres Sçavants ont la liberté d'y entrer.

Les fonds légués par le sieur de Riparfond pour l'entretien de cette Bibliotheque ne s'étant pas trouvés suffisans, le Parlement ordonna le 31. Août 1712. que pour y suppléer on augmenteroit d'un cinquiéme la somme de vingt liv. que les Officiers, Avocats & Procureurs payoient à leur réception pour droit de chapelle.

5. * La Bibliotheque des Peres de la Doctrine Chrétienne, rue des fossés saint Victor, fondée par Jean Miron Docteur en Theologie de la maison de Navarre, fut ouverte le 23. Novembre 1717. dans la maison de saint Charles des Peres de la Doctrine Chrétienne. On y entre les Mardi

& Vendredi, ses vacances sont depuis la saint Barthelemi 24. Août jusqu'au Mardi d'après la saint Charles dont la fête arrive le 4. Novembre. Cette Bibliotheque est fort nombreuse & composée de Livres choisis dont le catalogue est manuscrit en 22. volumes *in-fol.*

M^rs^ les Gens du Roi du Parlement ont inspection sur ces quatre derniéres Bibliotheques pour en faire observer les statuts & maintenir le bon ordre; elles ont chacune des fonds pour l'entretien de ceux qui y servent, & pour l'achat des Livres dont elles doivent être enrichies de temps en temps.

Il y a dans la plûpart des Communautés des Bibliotheques, qui sans être publiques, ne laissent pas d'être d'une grande utilité aux personnes studieuses, les Bibliothécaires se faisant un plaisir de communiquer aux honnêtes gens toutes les richesses dont ils ont la garde, de ce nombre est celle de:

L'Abbaye Royale de saint Germain des Prés, fauxbourg saint Germain, l'une des plus considérables de l'Europe après celle du Roi & du Vatican, tant pour le nombre des Livres & anciennes éditions, que par ses anciens manuscrits. Elle a été enrichie en 1718. de la Bibliotheque de

M. l'Abbé d'Estrées, nommé à l'Archevêché de Cambrai en 1720. de celle de M. l'Abbé Renaudot, si connu parmi les Sçavans. M. le Cardinal de Gesvres a legué à la même Abbaye sa Bibliotheque entiére dans le dessein que le Public en jouit une fois la semaine le matin & de relevée. M. l'Evêque de Mets Duc de Coaslin a legué à ces mêmes Religieux un nombre de manuscrits qui appartenoient ci-devant à M. le Chancelier Seguier, & qu'ils avoient en dépôt depuis 1715. Cette Bibliotheque est aussi enrichie d'un cabinet d'antiquites formé par feu Dom Bernard de Montfaucon, honoraire de l'Academie des Inscriptions & Belles-Lettres, mort le 21. Décembre 1741. âgé de 87. ans. C'est ce sçavant Religieux, qui avec tant d'autres Ouvrages a donné cette belle collection de catalogues des Bibliotheques de l'Europe intitulée : *Bibliotheca Bibliothecarum* imprimé à Paris en 1739. en 2. vol. *in-fol.* & il fait remarquer qu'il n'y a point de Bibliotheque qui ait autant de Livres & de si considérables en Lettres unciales que celle de l'Abbaye saint Germain des Prés, il en nomme quelques-uns des plus rares, comme sont un Psautier du 6e siécle ou environ, un saint Cyprien de ce temps-là, le le Pſautier de ſaint Germain en Lettres d'or ſur un fond pourpre, un Evangile de ſaint Mathieu, &c.

L'on augmente journellement cette Bibliotheque; quoiqu'elle ne ſoit pas abſolument à l'uſage du Public, elle eſt auſſi fréquentée qu'aucune autre, par le libre accès que les Gens de Lettres y trouvent.

La Bibliotheque de ſainte Geneviéve du Mont eſt très-conſidérable. Elle eſt auſſi accompagnée d'un Cabinet de curioſités, dont le Pere Claude Du Molinet a donné la deſcription imprimée à Paris avec figures en 1692. *in-fol.* Cette Bibliotheque eſt enrichie depuis 1710. de celle de feu M. Maurice le Tellier Archevêque de Reims, & M. le Duc d'Orleans mort le 4. Avril 1752. dans cette Abbaye, où il s'étoit retiré depuis pluſieurs années, lui a legué toutes les médailles d'or de ſon riche cabinet. On ouvre auſſi cette Bibliotheque comme les précédentes à toutes les perſonnes connues qui ſouhaitent prendre communication des Livres qui leur manquent. 7.

La Bibliotheque de Sorbonne commença à ſe former en 1289. c'eſt l'une des plus riches Bibliotheques de l'Europe en manuſcrits antiques. Elle eſt composée de celle de M. Des Roches, & de celle du 8.

Cardinal de Richelieu son Restaurateur. On trouve dans cette Bibliotheque grand nombre de Livres de Théologie, les premiéres éditions de Paris faites dans la Maison même de Sorbonne. Plusieurs rares manuscrits, divers exemplaires de la Bible Hebraïque, un bel Alcoran, plusieurs Livres Turcs. L'Histoire de Tite Live en 2. volumes *in-fol.* traduite en vieux Gaulois, & embellie de diverses mignatures à la tête des chapitres, &c.

9. La Bibliotheque du Collége de Navarre, rue de la montagne sainte Geneviéve près la place Maubert, est considérable par d'anciens manuscrits que la Reine Jeanne de Navarre Fondatrice de ce Collége y avoit legués par son testament du 25. Mars 1304. & par tous les Livres imprimés du célébre M. de Peiresc; Nicolas-Claude Fabri Seigneur de Peiresc, Conseiller au Parlement de Provence, & l'un des plus beaux génies du 16e siécle, mort le 14. Juin 1637. âgé de 57. ans.

10. La Bibliotheque du Collége des Jesuites, rue saint Jacques, a été formée par la libéralité de plusieurs personnes, & particuliérement par Nicolas Fouquet Surintendant des finances, qui a laissé un fond de mille liv. de rentes. Cette Bibliotheque a été augmentée en 1716. de

celle d'Achilles de Harlay Conseiller d'Etat. Elle contient plus de cinquante mille volumes, parmi lesquels on voit plusieurs anciennes éditions & des manuscrits Latins, Grecs, Hebreux, Chinois, &c. & un beau cabinet d'antiquités.

La Bibliotheque des Jesuites de la maison professe rue saint Antoine, doit principalement son origine au Cardinal de Bourbon; elle contient celle de Gilles Menage mort en 1692. celles du fameux M. Guyet, & de feu M. Huet Evêque d'Avranches; mort en 1721. âgé de 91. ans. Celle du feu Pere Tournemine, & le riche cabinet de medailles du feu Pere Chamilliart Jésuite. 11.

On commença à former la Bibliotheque des Prêtres de l'Oratoire rue saint Honoré, peu de temps après la fondation de cette Maison en 1611. elle fut augmentée en 1620. d'un grand nombre de manuscrits & de Livres imprimés par la générosité d'Achilles de Harlay Marquis de Sancy, Ambassadeur de France à la Porte Ottomane en 1615. Cette Bibliotheque est distinguée par les manuscits Hebreux & Syriaques, Arabes & Persans, dont la plûpart ont été recueillis dans le Levant. Le P. Le Cointe y ajoûta plusieurs excellens Livres, sur-tout par rapport à 12.

l'histoire. Cette Bibliotheque est composée de vingt-deux mille volumes, mais il y a peu d'anciennes éditions; parmi les manuscrits Orientaux recueillis en partie par le P. Morin, on voit le Pentateuque Samaritain qui a été imprimé dans la Poliglotte de Paris.

13. La Bibliotheque des Jacobins de la rue saint Honoré, est aussi ancienne que leur Couvent, qui fut fondé en 1613. & dédié à Louis XIV. le 5. Septembre 1638. jour de sa naissance, & par cette raison appellée la *Bibliotheque de Monseigneur le Dauphin*; elle a été augmentée par les soins du P. Goar, & en 1699. des Livres de M. Piques Docteur de Sorbonne; cette Bibliotheque contient vint-cinq mille volumes, parmi lesquels il y a plusieurs manuscrits dont quelques-uns sont Arabes, Syriaques, Ethiopiens, &c.

14. La Bibliotheque des Jacobins rue saint Jacques est aussi fort nombreuse.

15 Celle des P. P. Minimes de la place Royale a été fondée en partie aux dépens de ces Religieux & augmentée par la libéralité de diverses personnes, particuliérement du fameux Jean de Launoy Docteur de Sorbonne, mort le 10. Mars 1678. âgé de 74. ans. qui legua aux Minimes la moitié de cette Bibliotheque; elle est com-

poſée d'un aſſez grand nombre de Livres ſur-tout de Livres Eccléſiaſtiques ; l'on voit auſſi dans cette Bibliotheque pluſieurs manuſcrits de Lyturgie ; & parmi les manuſcrits il y en a qui contiennent les négociations des Miniſtres de France dans les Pays étrangers , & ſur-tout en Turquie. On y voit auſſi l'Hiſtoire des Cardinaux avec leurs armoiries , & pluſieurs Livres de Botanique écrits de la main du P. Plumier Minime qui excelloit en ce genre ; ils ſont ornés des plus belles figures.

La Bibliotheque des Céleſtins eſt nombreuſe & conſidérable par les anciens manuſcrits & les anciennes éditions entre autres *le Speculum vitæ humanæ* , imprimé par Pierre Ceſar & Jean Stol , & une Bible imprimée à Paris en 1476. Le Livre intitulé : *Speculum humanæ ſalutis*, qu'on voit dans la même Bibliotheque , eſt fort rare, il a été imprimé ſur des planches gravées , ſans date, ſans nom d'Auteur, ni de lieu de l'impreſſion. 16.

Les Auguſtins Déchauſſés , dit petits Peres , place des Victoires , qui s'établirent à Paris dans le dernier ſiécle , commencerent à former leur Bibliotheque l'an 1650. elle fut augmentée d'environ vingt-deux mille volumes en 1682. Cette Bibliotheque eſt conſidérable, & le P. Jac- 17.

ques y a aussi formé un cabinet curieux de Medailles & d'Antiquités. On est redevable à ces Peres de l'histoire de la Maison Royale de France, & des grands Officiers de la Couronne, imprimée à Paris en 9. volumes *in-fol.* en 1726. & 1733. & dont le Pere Simplicien & M. le Président Durey de Noinville vont donner incessamment la continuation jusqu'à la présente année 1758.

18. La Bibliotheque des Cordeliers du grand Couvent contient beaucoup de manuscrits la plûpart Grecs, dont la Reine Catherine de Medicis leur fit présent, & beaucoup de manuscrits Latins qui depuis ont été imprimés par Alde Manuce, & par les Etienne, Robert & Henri.

19. La Bibliotheque de feu M. le Cardinal de Rohan en son Hôtel au Marais, augmentée de celle de M. le Président de Menars, laquelle appartenoit autrefois à M. de Thou, est très nombreuse & choisie; elle est estimée pour les belles relieures & les bonnes éditions. L'Abbé Oliva qui en étoit Bibliothécaire en a fait le catalogue en 25. vol. *in-fol.* Il est mort à Paris à l'Hôtel de Soubise le 20. Mars 1757. âgé de 60. ans.

20. La Bibliotheque des Bernardins, rue des Bernardins.

Celle des Bons Enfans, rue saint Victor.

Des Capucins, rue saint Honoré, & du Marais.

Des Recollets, fauxbourg saint Laurent.

Celle de la faculté de Medecine aux Ecoles, rue de la Bucherie derriére la place Maubert, & de plusieurs particuliers qui ont des Bibliotheques considérables, entre autres celle de M. le Duc de la Valliére, composée de plus de vingt mille volumes, où tous les Ouvrages de nos Poëtes & de nos Auteurs Dramatiques, ainsi que les Productions Romanesques se trouvent réunis avec tant de soin, qu'on peut bien dire qu'elle contient les archives du du Parnasse François. On y a rassemblé plus de 15000. piéces fugitives, parmi lesquelles sont les plus rares morceaux des portefeuilles de M. Secousse.

Une si grande quantité de Bibliotheques est une marque authentique que Paris est une autre Athènes de notre temps & le véritable séjour des Muses. Il n'y a point, & il n'y a jamais eu de ville au monde où l'on ait tant vu de Bibliotheques & de Livres; on prétend que le nombre de ceux qui sont à Paris est plus considérable que tous ceux ensemble qui sont dans l'Europe.

Après les principales Bibliotheques de la ville de Paris que nous venons de rapporter, nous pourrions faire mention de celles des autres villes du Royaume qui mériteroient bien d'avoir place ici, telles que celle des Peres Jésuites de Lyon, & de plusieurs particuliers des villes de Dijon, de Rouen, de Provence, &c. mais dont le détail nous meneroit trop loin.

Nous pourrions aussi parcourir toutes les autres Bibliotheques de l'Europe; nous nous bornerons seulement à celles d'Angleterre par la considération & l'estime que méritent les Sçavans de cette nation, & en particulier *la Société Royale de Londres* qui tient dans l'Europe, & l'on peut bien dire dans le monde entier un rang si distingué dans la République des Lettres. Cette célébre Académie doit son origine à des assemblées particuliéres de quelques Sçavans qui se firent d'abord à Oxford dans la maison du sieur Wilkins alors chef du Collége de Wadham à Oxford. Les sieurs Robert Boyle, Jean Wallis, Thomas Willis & plusieurs autres connus en France se rendirent à ces assemblées. Les affaires du Royaume ayant occasionné en 1658. la dispersion de la plûpart de ces Sçavans, ceux qui se retirerent à Londres y renouerent leur liaison & leurs assemblées ; ils se trouverent deux fois chaque semaine au Collége de Gersham, & leur nombre s'accrut beaucoup en peu de temps. Les agitations de l'Etat ne firent que suspendre de nouveau leurs assemblées : sous Charles II. Milord Clarandon son grand Chancelier les appuya de son crédit auprès du Roi, qui donna au mois d'Avril 1663. des Lettres Patentes par lesquelles il érigea cette compagnie en Académie sous le titre de *Société Royale de Londres.* On fit voir au Roi quel étoit le plan de cette Société, ce Prince qui avoit beaucoup d'esprit se fit un plaisir de contribuer au progrès des Sciences & des Arts ; il se déclara le fondateur & le protecteur de cette Société, dont il fit les réglemens que l'on peut voir dans l'histoire de la Société Royale de Londres, écrite en Anglois par Thomas Sprat & traduite en François, imprimée à Genève en 1669. *in*-8°. Tous les Sçavans de quelque pays qu'ils soient sont admis dans cette Société, dont la réputation se soûtient toujours avec beaucoup d'éclat.

Elle a une très-belle Bibliotheque & un 1.
Cabinet qui contient beaucoup de curiosités.

2. L'Eglise Collégiale de West-minster ou de West-munster possede une nombreuse Bibliotheque.

3. Près de la Salle de West-minster, est la fameuse Bibliotheque Cottonienne, érigée par le Chevalier Cotton, & composée de beaucoup de manuscrits dont la plûpart regardent l'histoire d'Angleterre.

4. On y voit aussi la Bibliotheque Royale qui contient plusieurs Livres rares.

5. La Tour de Londres renferme les Archives du Royaume où l'on trouve aussi une infinité de titres des familles de France, & beaucoup de Livres qui y furent envoyés par le Duc de Betfort après la mort de Charles VI. Roi de France, comme nous l'avons dit au commencement de cette histoire.

Oxford capitale du Comté de même nom est à seize lieues de Londres. La ville d'Oxford est fameuse par son Université qui est la premiére de l'Angleterre ; elle fut fondée par le Roi Alfred l'an 879. Dans l'un des bâtimens de cette université est la cé-
6. lébre Bibliotheque Bodleienne qui porte ce nom, parce que le Chevalier Thomas Bodley la rétablit à ses frais, & laissa en mourant un fonds pour entretenir un Bibliothécaire, & pour acheter tous les ans de nouveaux Livres. Cette Bibliotheque

s'est accrue par les présens que plusieurs personnes y ont faits, ensorte qu'on l'estime presque autant que celle du Vatican à cause du grand nombre & de la bonté des Livres, particuliérement des manuscrits dont M. Heide a donné le Catalogue. On y voit aussi des Cartes de toutes les parties du monde, & les Tableaux de tous les Auteurs dont les œuvres sont dans cette fameuse Bibliotheque.

Nous ne devons pas oublier ici de faire mention de ces fameux marbres nommés les marbres d'Arundel qui furent trouvés au Levant dans l'isle de Paros, l'une de l'Archipel par Guillaume Pétre au commencement du 17e siécle & qui furent rangés à Londres dans les salles & dans les jardins du Comte d'Arundel sur le bord de la Tamise. Après sa mort le fils de ce Seigneur en fit présent à l'Université d'Oxfort; ils contiennent une chronique, où les principales époques de l'histoire des Athéniens sont marquées exactement & distinctement depuis la premiére année de Cécrops, qui commence suivant cette chronique à l'an de la période Julienne 3132. 1582. ans avant J. C. & finit l'an de la période Julienne 4360. & 354. ans avant J. C. Jean Selden composa en 1629. un Livre intitulé: *Marmora Arundelliana*,

où il explique ces belles antiquités, & depuis, M. Prideaux l'a fait paroître de nouveau à Oxford en 1676. & enfin l'a encore publié depuis quelques années. Lydiat & Palmerius y ont ajoûté de doctes Remarques, & le Pere Petau, Saumaise, Vossius, & plusieurs autres sçavans Chronologistes en ont tiré de grands secours pour fixer les époques de la chronologie des Grecs. Ces marbres ont été
7. donnés à l'Université d'Oxford sous le titre de *Marmora Oxoniensia.*

—— *Vz* La chronique des marbres de Paros, nommés marbres d'Arundel ou d'Oxford, tablettes chronologiques de l'histoire universelle, par l'Abbé Lenglet du Fresnoy imprimées à Paris chez de Bure & Ganeau en 2. vol. *in*-8°. premiére partie, pag. CLXVII. & 187.

Cambrige est la seconde Université du Royaume d'Angleterre, cette ville est la capitale du Comté de ce nom, elle est située à 44. mille au Nord de Londres. L'Université a seize Colléges qui contribuent à la beauté de cette ville & au progrès des sciences. Cambrige a dix Professeurs, sçavoir en Théologie, en droit, en médecine, en Physique, en Mathématiques, en Hebreu, en Grec, en Latin, &c. outre un Orateur public. On voit dans le

Collége du Roi une très-belle Bibliotheque enrichie d'une grande quantité d'excellens Livres. 8.

Edimbourg capitale de l'Ecosse, a toujours été le lieu de la résidence des Rois, tandis que ce Royaume a eu des Souverains particuliers jusqu'à la mort d'Elizabeth Reine d'Angleterre, arrivée le 4. Avril 1403. Cette ville a une Université fondée par Jacques VI. Roi d'Ecosse & qui fut ensuite Roi d'Angleterre en 1603. sous le nom de Jacques I. L'Université d'Edimbourg communément appellée *The Collége* possede une riche Bibliotheque fondée par Clement Litte en 1635. & qui a 9.
été fort augmentée depuis par la libéralité de plusieurs personnes de qualité & autres qui ont eu leur éducation dans cette Université. Les Livres des bienfaicteurs qui ont enrichi cette Bibliotheque sont distingués des autres, ayant leur place à part, & les noms des bienfaiteurs écrits en lettres d'or au-dessus. On y voit aussi les portraits de plusieurs Princes & de la plûpart des Réformateurs, sous la Bibliotheque est l'Imprimerie Royale qui surpasse en beauté toutes les autres d'Angleterre.

Il y a encore une autre très-belle Biblio- 10.
theque composée d'une grande quantité

de Livres imprimés & manuscrits qui appartient au Collége de Justice, c'est-à-dire aux Jurisconsultes, & que l'on appelle la Bibliotheque des Avocats.

11. Le Collége de Médecine possede un très beau Musæum dit *Museum Balfurianum* du nom de son fondateur, le Chevalier André Balfour Docteur en Médecine. C'est un vaste recueil des curiosités de la nature & de l'art tant de l'écosse que des pays étrangers : on y voit aussi plusieurs Livres & manuscrits curieux, & du côté du Nord est un très-beau jardin de simples contenant une infinité de plantes de tous les pays du monde, sous les soins d'un habile Botaniste.

Aberdeen ou Aberdon, Aberdone ville d'Ecosse avec Evêché établi en 1100. & Suffragant de l'Archevêché de saint André. Il y a aussi en cette ville une Université & une Académie fondée en 1480. par l'Evêque Elphingston ; on la nomme Collége du Roi, parce que l'Evêque étant mort sans avoir pû achever tout l'Edifice, le Roi Jacques IV. se déclara le Protecteur & le Patron de l'Université, & mit la derniére main à ce qui restoit à faire. Il y a une
12. Bibliotheque publique qui fut fort enrichie dans le 17e siécle par celles du Docteur Patrik Scougal Evêque d'Aberdeen,

& du Docteur Henri Scougal son fils Professeur en Theologie.

Dublin capitale du Royaume d'Irlande autrefois le séjour des Rois, & aujourd'hui celui des Vice-Rois. Le Pape Eugène III. y fonda vers l'an 1151 un Archevêché qui avoit avec le titre de Supremarie neuf Evêques Suffragans. Cette ville est belle, grande & bien peuplée, il y a une Université qui fut érigée en 1320. par une Bulle du Pape Jean XXII. sous le Roi Edouard II. & que la Reine Elizabeth fonda en 1592. par ses Lettres du 30. Mars. Le Collége qui porte le nom de la sainte Trinité est fort beau & jouit de bons revenus. Thomas Smith Lord Maire de Dublin en posa la premiére pierre le 13. Mars 1591. Guillaume Cecil Lord Burleigh grand Trésorier d'Angleterre en fut le premier Chancelier ; Adam Loftus Archevêque de Dublin en fut le premier Principal, & les sieurs Lucas Challoner, Guillaume Daniel, Jacques Fullerton, & Jacques Hamilton en furent les premiers Membres ou *Socii.* Sur une adresse que la Chambre des Communes d'Irlande présenta à Guillaume III. Roi d'Angleterre, S. M. leur accorda la somme de trois mille piéces pour aggrandir ce Collége & y faire de nouvelles réparations. Il possede une belle & nombreuse Bibliotheque.

13. Nous ne finirions pas si nous voulions rapporter ici toutes les autres Bibliotheques des Sçavans d'Angleterre, dont la nation s'applique avec tant de succès à la perfection des Sciences & des Arts; & nous renvoyons à ce sujet à ce qui en a été dit dans le Traité des plus belles Bibliotheques publiques & particuliéres du P. Louis Jacob Religieux Carme imprimé à Paris en 1644. pag. 242. & suivantes qui fait mention des Bibliotheques d'Angleterre, quoique depuis cette édition il y ait presque un changement total dans la plûpart de ces Bibliotheques.

Après avoir rapporté quelques Livres qui peuvent servir à former une Bibliotheque, nous donnerons une liste de tous les Catalogues imprimés des Bibliotheques qui sont venus à notre connoissance.

Juste Lipse dans son Traité des Bibliotheques intitulé : *Justi Lipsi de Bibliothecis syntagma.* Lugduni, 1623. *in-fol.* tom. 2. p. 887.

Avis pour dresser une Bibliotheque, par Gabriel Naudé, Paris, 1637. *in-8°.*

—— Id. seconde édit. 1644.

Traité des plus belles Bibliotheques publiques & particuliéres qui ont été & qui sont à présent dans le monde, par le le P. Louis Jacob Châlonnois Religieux Carme. Paris, 1644. 2. vol. *in*-8°.

Traité des plus belles Bibliotheques de l'Europe, par Le Galois. Paris, 1685. *in*-12.

Bibliotheca Bibliothecarum, Philippi Labbe, è Societate Jesu. Parisiis, 1664. *in*-8°.

Bibliotheca Bibliothecarum, Bernardi de Montfaucon. Parisiis, 1739. 2. vol. *in-fol.*

Catalogue imprimé des Livres de la Bibliotheque du Roi. On lit dans le mémoire historique qui est à la tête du premier volume » que quoique les Catalo- » gues semblent n'être faits que pour l'inté- » rieur des Bibliotheques, cependant l'expé- » rience fait voir que ces sortes d'ouvragés » sont d'une très-grande utilité lors même » qu'ils ne contiennent qu'un simple énon- » cé des titres & des piéces contenues dans » chaque volume. « On peut bien assurer que ce sçavant & immense Catalogue qui pourra contenir 24. à 25. volumes grand *in-folio* pourroit suffire & suppléer à tous les autres Catalogues; mais outre que ce grand Ouvrage n'est encore imprimé qu'à moitié, il n'est pas possible à bien des Sçavans d'en faire l'acquisition par rapport au prix qui sera de plus de 600. liv.

mais il sera fort facile & à peu de frais d'acquerir celui-ci qui indiquera au moins les Catalogues imprimés de plusieurs Bibliotheques tant de France que des pays étrangers, & dont le nombre augmente chaque jour.

La division générale d'une Bibliotheque se fait ordinairement dans les cinq grandes classes auxquelles on peut se rapporter, qui sont 1° la Théologie, 2° la Jurisprudence, 3° la Philosophie, 4° les Belles-Lettres, 5° l'Histoire, chaque classe demande de nouvelles divisions & subdivisions que la nature des Livres a fait naître comme on pourra le voir dans les principaux Catalogues imprimés dont nous allons donner la liste.

TABLE

ALPHABETIQUE

Tant des Ouvrages publiés ſous le titre de *Bibliotheque*; que dès Catalogues imprimés des Cabinets de France & des Pays étrangers.

Les Catalogues auxquels ſe trouve jointe la Table des noms des Auteurs ſont déſignés par cette marque. *

AC. AL.

ACadémie Françoiſe (Catalogue des Livres donnés par le Roi à l') Paris, 1674. *in-8°.*

Acroamatica, Theologica, Juridica &c. comprehendens recenſionem ſpecialem omnium Codicum Manuſcriptorum, Græcorum, Hebraïcorum &c. Hannoveræ, 1712. 1. vol. *in-12.*

Alchymiques (Bibliotheque des Philoſophes Alchymiques ou Hermetiques, contenant plusieurs ouvrages en ce genre. Paris, Cailleau, 1754. 4. vol. *in*-12.

Allatius (Leonis Allatii de Symeonum scriptis Diatriba, accedunt varia Græcorum Opuscula Gr. Lat. eodem interprete, & Fr. Combefis originum C P. Manipulus ex variis Autoribus Gr. Lat. Paris 1664. *in*-4°.

Allemagne (Mich. Hertzii Bibliotheca Germanica, sive notitia scriptorum rerum Germanicarum. Erfurti 1679. *in fol.*

Alphabétique (Catalogus Alphabetico ordine Librorum rarissimorum ab artis Typographicæ inventoribus ante annum M. D. excusorum. *in*-8°.

— Eclaircissemens littéraires sur un projet de Bibliotheque Alphabétique sur l'histoire littéraire de Cave, &c. Paris, 1736. en 2. parties *in*-4°. br.

Alphabétique (Catalogue des Livres imprimés en France & autres parties de l'Europe annoncés pendant le cours de l'année 1736. Paris, Mesnier. 1738. *in*-12.

— *Vz*. Cavelier. — *Vz*. Hondt.

Alphabétique (Catalogue des Livres de Flandre & de Hollande.

Ambrosiana (Petri Paull. Boschæ Hemidecus de origine & statu Bibliothecæ Ambrosianæ. Mediolani 1674. *in*-4°.

Amœnitates Litterariæ quibus variæ observationes, scripta item quædam anecdota & rariora opuscula exhibentur; studio & labore Jo. Georg. Schelhornii. Francof. 1725. 3. vol. *in*-8°.

Amusante & instructive, par le Pere Niceron, Paris, Duchesne 1753. *in*-12.

—— La même, seconde édition chez le même. Paris, 1755. 3. vol. *in*-12.

—— Cet ouvrage périodique se continue en 1756.

Anatomica Jacobi Mangeti Genevæ 1695. 2. vol. *in-fol.*

Anatomica Guillielmi Couyper. Lugd. Bat. 1739. *in-fol.* mag.

Ancienne (Burc. Gotthelfic Struvii Bibliotheca antiqua publicata Ienæ annis 1705. & 1706; accedit ejusdem dissertatio de jure Bibliothecarum Ienæ 1710. 2. tom. en 1. vol. *in*-4°.

* Ancienne & moderne par Le Clerc. Amsterdam & La Haye. 1714. à 1727. inclus avec la table 29. vol. *in*-12. pour servir de suite à la Bibliotheque choisie.

—— *Vz*. Biblioth. choisie.

—— Id. Bibliotheque ancienne & moderne ou Catalogue de Livres choisis. La Haye, Gosse, 1743. *in*-8°.

Angleterre (Catalogus Librorum manuscriptorum Angliæ & Hiberniæ, cum indice Alphabetico. Oxoniæ, à Theatro Scheldoniano, 1697. *in-fol.* 2. vol.

Angleterre (Bibliotheca Britannico-Hibernica sive de Scriptoribus qui in Anglia, Scotia & Hibernia ad seculi XVII. initium floruerunt, Autore Thom. Tannero Episcopo Asaphensi editore Davide Wilkino, Londini, Bowger, 1748. *in-fol.*

Anglois (Jo. Lelandi Commentarii de Scriptoribus Britannicis. Oxon. è Theatro 1709. 2. tom. en 1. vol. *in*-8°.

—— Id. Mart. Kempii Bibliotheca Anglorum Theologica Regiomonti, 1677. *in*-4°.

Angloise ou Histoire Littéraire de la Grande-Bretagne, par M. D. L. R. (Michel de la Roche) continuée par Armand de la Chapelle, Amsterdam, 1727. à 1728. 30. parties en 15. vol. *in*-12.

—— Mémoires Littéraires de la Grande-Bretagne par le même de La Roche. La Haye, 1720. &c. 12. tom. en 6. vol. *in*-12.

Année Littéraire, par M. Freron 1754

A N.

à 1758. 31. vol. *in*-12. cet ouvrage se continue.

Annuelle & Universelle, contenant le Catalogue des Livres imprimés en Europe pendant les années 1748. & 1749. Paris, 2. vol. *in*-12.

Anomatica Danielis Clerici & Joannis Jacobi Mangeti, Genevæ, Chouet, 1699. 2. vol. *in-fol.*

Antoine de M. *** Paris, Martin, 1652. *in*-12.

Anonime. Paris, Damonneville, 1757.

—— Id. Martin 1757.

Des Anonimes (Venerii Placcii Theatrum Anonymorum & Pseudonymorum nova editio auctior cum præfatione & vita auctoris per Joannem Albertum Fabricium. Hamburgæ, 1717. *in*-8°.

Anonime, aux Augustins. Paris, Pissot 1754. *in*-12.

Anonimiana per Adrianum Moetjens. Hagæ Comitum, 1728. 3. vol. *in*-12.

Anonimiana, Hagæ Com. Beauregard, 1743. *in*–8°.

—— Id. Catalogue de Livres. Paris, Martin, 1753. *in*-12.

—— Anonime, Paris, Bauche 1756. *in*-8°.

—— Id. Martin. Paris, 1757. *in*-8°.

—— Id. Bauche, 1757. *in*-8°.

D'Antin, Vice-Amiral de France. Paris, Martin, 1742. *in*-12.

Antiqua (Bibliotheca) Struvii. Genæ, 1706. *in*-4°.

Antiquaires (Jo. Alb. Fabricii Bibliographia antiquaria sive introductio in notitiam Scriptorum qui antiquitates Hebr. Gr. Rom. & Christianas scriptis illustraverunt : accedit Mauricii Senonensis Carmen de Missæ ritibus nunc primum editum Hamb. 1713. *in*-4°. —— Eadem, editio nova auctior ibid. 1716. *in*-4°.

Antitrinitarium seu Catalogus Scriptorum & brevis eorum auctorum narratio qui sanctam Trinitatem impugnarunt Auctore Christophoro Sandio, Freistadii, 1684. *in*-8°.

Apparatus Litterarius singularia nova anecdota, rariora ex omni eruditionis genere depromens, studio societatis colligentium Wittembergæ, 1717. *in*-8°.

D'Apligny. Paris, Barois, 1742. *in*-12.

L'Archevêque. Rouen, 1749. *in*-8°.

Arkeliana. Roterodami, Daniel Beman 1725. *in*-12.

Arndrii (Caroli) Systema. Lipsiæ, 1714. *in*-4°.

Des Arrêts de tous les Parlemens de

France, par Laurent Jovet. Paris, 1669. *in-fol.*

—— Id. par Claude de La Ville. Paris, 1692. *in-fol.*

—— Le même, par Brillon. Paris 1711. 3. vol. *in-fol.*

—— Le même, Paris, 1727. 6. vol. *in-fol.*

Aubry, Conseiller au Parlement de Paris. Paris, Mathey & Lepine 1742. *in*-12.

Augustanæ Bibliothecæ Ehingeri Catalogus. Aug. Vind. 1633. *in-fol.*

Des Auteurs de Bourgogne.

— *Vz.* Bourgogne.

Des Auteurs Ecclésiastiques.

— *Vz.* Ecclésiastiques.

Des Auteurs de France. — *Vz.* France.

D'Autry (Comte) Paris, Martin, 1750. *in*-12.

Auvergne (Prince d') Paris, Gandouin 1738.

Auvray (l'Abbé) Paris, Osmont, 1755. *in*-8°.

B A.

De BAcalar, M. de saint Philippe. La Haye, Jean Swart & Pierre de Hondt, 1726. *in*-8°.

Bachelier, Parisiis Coustelier, 1725. *in*-4°.

B A.

Bachelier premier valet de chambre du Roi. Paris, Morel, 1755. *in*-12.

Baillet (jugemens des Sçavans sur les principaux ouvrages dès Auteurs, avec les enfans célèbres, les Auteurs déguisés, & le Traité des satires personnelles qui portent le nom d'Anti, par André Baillet. Nouv. édition revuë & augmentée de notes par Bernard de la Monnoye. Paris, Moette, 1722. 7. vol. *in*-4°.

— Anti-Baillet ou Critique des jugemens des Sçavans, par Gilles Menage. Nouv. édition avec les observations de Bernard de la Monnoye & les réflexions du P. Bouchet sur les jugemens des Sçavans. Paris, Moette, 1730. *in*-4°.

Balusiana. Parisiis, 1719. Martin & Boudot 3. vol. *in*-12.

Banckheim (Catalogue des tableaux de M. le Baron de) Paris, Montalant, 1747. *in* 8°.

Barberiana, Romæ, 1681. 2. vol. *in-fol.*

* Barré Auditeur des Comptes. Paris, Martin, 1743. 2. vol *in*-8°. avec la table des Auteurs.

Bartolomi (Julii) Bibliotheca magna Rabbinica de Scriptoribus & scriptis Hebraïcis. Romæ, 1675. 4. vol. *in-fol.*

B A. B E.

La Basti, Doyen de l'Eglise Cathedrale de Lisieux. Lisieux, 1755. *in*-12.

De Bauche, Parisiis, 1726.

— Idem, Bauche, 1753. *in*-8°.

— Id. 1756. *in*-8°.

Belgique (Valeri Andreæ Dessfeli Bibliotheca Belgica de Belgis vita scriptisque claris, editio renovata & tertiâ parte auctior. Lovanii, 1623. *in*-8°.

— Idem. 1643. *in*-4°.

— Id. Bruxellis, 1739. 2. vol. *in*-4°. (Paris Briasson.)

Belharnosiana (Catalogus Bib. Belharnosianæ. Aurel. 1683. *in*-4°.

Bellanger, Trésorier du sceau. Paris, Martin 1740. *in*-8°.

Benedictina (Floriacensis vetus) sancta Apostolica, Pontificia, Cæsarea, Regia, Franco-Gallica. Leg. 1605. *in*-8°.

Benedictins (Bernardi Pez Bibliotheca Benedictino Mauriana seu de ortu, vitis & scriptis Patrum Benedictinorum è Congregatione S. Mauri in Francia Aug. Vind. 1716. *in*-8°.

* Bernard de Rieux Président des Enquêtes du Parlement. Paris, Barrois, 1747. *in*-8°.

Bernard, Conseiller d'Etat ordinaire. Paris, Barrois, 1754. *in*-8°.

Berthaud. Paris, Moreau, 1756.

Besoigne. Paris, 1743. in-12.

Beyeri (N. Augusti) Memoriæ historico criticæ Librorum rariorum. Dresdæ & Lipsiæ, 1734. in-12.

Bibliotheca Bibliothecarum Philippi Labbe è Societate Jesu. Parisiis 1664. in-8°. Eadem Rothomagi, 1672. 1674. & 1678.

—— Eadem Rothomagi, 1674. in-8°.

—— Id. P. Bernardi de Montfaucon. Parisiis, 1739. (contenant la collection des Catalogues des Bibliotheques de l'Europe. 2. vol. in-fol.

—— Vz Ce qui a été dit au sujet de cette Bibliotheque dans celle de l'Abbaye Royale de saint Germain des Prez.

Bibliotheque raisonnée. — Vz Raisonnée.

Bibliotheque sainte (Sixti senensis Bibliotheca sancta. Paris, 1710. in-fol.

—— Id. Jacob. le Long, Bibliotheca sacra qua recensentur editiones textus sacri ac versionum ejusdem necnon Auctores in S. Scripturam cum appendice Grammaticarum & Lexicorum Linguarum Orientalium & Græcæ N. Testamenti. Paris, 1723. 2. tom. en 1. vol in-fol.

—— Id. Th. Ittigii tractatus de Bibliothecis & Catenis Patrum variisque veterum Scriptorum Ecclesiast. Collectionibus Lipsiæ. 1707. *in*-8°.

Bigotiana, Parisiis 1706. *in-douze.* Osmont & Martin.

—— Id. Paris, 1730. *in-douze.* - - - Cerisier [illegible]

Bizantine (Martini Hankii de Bizantinarum rerum Scriptoribus Græcis Liber, cum sex indicibus, Lipsiæ, 1677. *in*-4°.

Blamont. —— *Vz.* Frison.

* Le Blanc, Secretaire d'Etat de la guerre. Paris, Martin, 1729. *in*-8°.

Bluet, Paris, 1667. *in-douze.*

Bodleianæ (Thomæ Hyde Catalogus Bibliothecæ (Oxoniæ, 1620. *in*-4°.

—— Idem 1674. *in -fol.* —— Idem 1675. *in-fol.*

Bodleiana *Vz.* Oxonia illustrata.

Boeclerus (Joan. Henr. Boecleri Bibliographia critica) Scriptores omnium Artium atque *Scientiarum* ordine continens, curis Joan. Gottlieb. Krause, Lipsiæ, 1715. *in*-8°.

Boidot (l'Abbé) Docteur de Sorbonne. Paris, 1751.

Du Bois de Marson. Paris, 1729.

Boisiana (Cardinal du Bois) La Haye, 1725. Swart & de Hondt. Paris, Martin 4. vol. *in*-8°.

B O.

Boissard (J. Jac. Boissardi Bibliotheca, cum fig. Jo. Th. de Bry. Francof. 1628. *in-4°.*

— Eadem. 1650. *in-4°.*

— Boissier. Parisiis, Martin, 1725. 3. vol. *in-douze.*

Bolduani Bibliotheca Theologica. Lipsiæ, 1622. *in-4°.*

— Id. Philosophica Ienæ, 1616. *in-4°.*

Bonardy, de Cressy, Conseiller au Parlement. Paris, Barrois, 1750. *in-12.*

* Bonneau Secretaire du Roi. Paris, Damonneville, 1754. *in-8°.*

Bonnet Curé de S. Nicolas des Champs. Paris, Martin & Guerin, 1731. *in-12.*

Bonnier de la Mosson, par Gersaint. Paris, Barrois & Simon, 1744. *in-8°.*

Bonrepaux, Ambassadeur en Dannemarck, 1727. Montalant *in-12.*

Borellii (Petri) Bibliotheca Chimica seu Catalogus Librorum Philosophicorum Hermeticorum. Parisiis, 1754. *in-12.*

Du Bos, ancien Avocat au Parlement. Paris, Bauche, 1750. *in-12.*

Bosch. Agæ Comitum, 1729.

Botanica. Autore Joan. Franc. Seguierio. Hagæ Comitum 1740. *in-4°.*

BO.

Boucher, Avocat au Parlement. Paris, Barrois, 1749.

Boucot, Paris, 1699.

Boullanger, Avocat expéditionnaire en Cour de Rome. Paris, Barrois, 1741.

Du Boullai Tréforier de Madame la C. de Toulouse. Paris, Martin, 1744.

Boullogne, Receveur général. Paris, 1733. [illegible]. Martin & Guerin.

Bourgogne (Philib. de la Mare) Conspectus Historicorum Burgundiæ. Divione, 1689. *in*-4°.

— Bibliotheque des Auteurs de Bourgogne, par l'Abbé Papillon. Dijon, 1742. 2. vol. *in-fol.* en 1.

— Le même, 1745. 2. vol. *in-fol.*

De Bournonville. Paris, 1706. Giffard.

Bourret, Ancien Intendant de Neufchâtel. Paris, Boudot & Guerin, 1735. *in*-12.

Bousquet & Compagnie Libraires à Genève, 1728. 1729. & 1730.

Bouvart Chanoine de l'Eglise de Chartres. Paris, Prault, & Chartres Doublet, 1756. *in*-8°.

De Boze de l'Academie Françoise. Imprimerie Royale 1745. *in-fol.*

— Id. Paris, Martin, 1753. *in*-8°.

BR.

— Id. 1754. *in*-8o. Vendu.

Briasson Libraire, années 1725. à 1742. 10. vol.

Briére, Presbiter; Lutetiæ Parisiorum, 1729. Thiboust.

Brinon. — *Vz.* Caligny.

Brissart, Fermier-Général. Paris de Bure, 1753. *in* 8°.

— Britannique, ou histoire des ouvrages des Sçavans de la Grande-Bretagne depuis Avril 1733. jusqu'en Décembre 1743. La Haye, 1733. & suivantes. 26. vol. *in*-12.

The British Library (la Bibliotheque de British. London, 1737. *in*-8°.

Brixia (specimen variæ Litteraturæ quæ in urbe Brixia ejusque ditione paulò post Typographiæ incunabula florebat à finiente seculo 15. ad medietatem usque seculi 16. Brixiæ (Bresce ville de Lombardie) 1739. 2. vol. *in-fol.*

* Brochard (Museum selectum) sive Catalogus Mich. Brochard. Parisiis, Martin, 1729. *in*-8°.

Broglie (Marquis de) Lieutenant-général. Paris, 1752.

Le Brun Ecuyer. Paris, Osmont, 1743.

BR. BU. CA.

Brunet de Molan. Paris, Villette & de Lespine, 1733.

—— Id. 1734.

De Bry (Joannis Th. de Bry) Bibliotheca Chalcographica. Francof. 1601 *in*-4°.

Bucardi Gotthelffi Struvii Selecta Bibliotheca Historica. Ienæ, 1705. *in*-8°.

—— Id. Librorum rariorum. Ienæ, 1719. *in*-4°.

Bullion, Comte d'Esclimont Prevôt de Paris. Barrois, 1753. *in*-8°.

* Bulteliana (Bultaut) Parisiis, Giffard & Martin, 1711. 2. vol. *in*-12.

Bumaldi Bibliotheca Bononiensis. Bononiæ, 1641. *in*-24.

Bunavianæ (Catalogus Bibliothecæ) Lipsiæ 1750. *in*-4°.

Bunno (Comte de)

Burette Medecin, & de l'Académie des Inscriptions & Belles-Lettres. Paris Martin, 1748. *in*-12. 4. vol.

B*** (Ancien Avocat au Parlement. Paris, Merigot. 1757. *in*-8°,

CA.

CAcocephalus, sive de plagiis opusculum Authore R. P. L. S. Joan. Sallier) Matisconæ, 1694. *in*-12.

CA.

Cæsarea Vindobonensi. Uindobonæ, 1665. & suiv. 7. vol *in-fol.*

Calcographica (Bibliotheca Sebastiani Furki seu Icones virorum virtute ac eruditione præstantium *in-4°*.

Caligny (Brinon de) Paris, 1739. *in-8°*

Du Cambouſt-Coaslin Evêque de Metz, 1739. Barrois *in-12*.

Camilliana (de Camilly) Archiepiscopi Turonensis. Parisiis, Osmont & Martin, 1726.

De Campagne, Paris, 1738. 12. vol. *in-12*. se continue 1757.

—— La même ou amusemens de l'esprit & du cœur. La Haye, 1749. 18. vol. *in-12*.

Camuset, Fermier-Général. Paris, Damonneville, 1753.

De Cangé. Paris, 1733. *in-12*.

Canonique (Bibliotheca juri Canonici seu collectio Canonum Ecclesiasticorum Grec. & Lat. cum notis & Latina versione ex edit. Guil. Voelli & Henr. Sustelli. Paris, 1661. 2. vol. *in-fol.*

—— Justelli Bibliotheca juris Canonici. Paris, 1671 2. vol. *in-fol.*

C A.

—— P. Pithœi corpus Juris Canonici. Parisiis, 1687. 2. vol *in-fol.*

Canonique, contenant par ordre Alphabétique toutes les matiéres Ecclésiastiques & Beneficiales qui ont été traitées par Bouchel, nouv. édit. augmentée par Blondeau. Paris, 1689. 2. vol. *in-fol.*

—— Id. Paris, 1699. 2. vol. *in-fol.*

Cantemir (Prince de) Paris, Briasson, 1745.

Capucins (Bibliotheca Scriptorum Ordinis sancti Francisci Capucinorum. Venetiis, 1747. *in-fol.*

Cardeniana (Bibliotheca.

Carmelitana (des Carmes) Notis criticis & dissertationibus illustrata; curâ & labore unius è Carmelitis, le P. Cosmè de Villiers de saint Etienne, Carme de la Province de Touraine. Paris, Desprez, 1752. & Orleans, chez Couret de Villeneuve. 2. vol. *in-fol.*

Carpentier, Trésorier de France. Paris, Martin, 1732.

Carpentier des Tournelles Auditeur des Comptes. Paris, Prault fils, 1739. *in-12.*

Cassini Maître des Comptes de l'Aca-

Cæsarea (Lambecius de Bibliotheca

démie des Sciences. Paris, de Laguette 1756. *in*-8°.

Le Cat Chanoine, de Liege. Paris, Clouzier, 1730.

Cavelier Bibliotheque Alphabétique. Paris, Cavelier, 1729.

De Caumartin, Evêque de Blois (Jean François Paul Le Fevre de) Paris, Guerin & Barrois 1734. *in*-12.

Caumont. — *Vz*. Fortiana.

De Caylus (Comtesse de) 1729.

Chalcographica clarissimorum virorum, Collectore Boissardo Sculptore Theod. de Bry. Francof. 1650. 2. vol *in*-4°.

Chaldeorum (Catalogus Librorum) Latine ex Syriaco Hebraïce Metropolitæ conversus per Abraham Echellensem, cum notis & textu Syriaco. Romæ, 1653. *in*-8°. — Le même en François. Rome 1653. *in*-12.

— Imbonati (Caroli Josephi) Bibliotheca Latino Hebraïca. Romæ, 1694. *in-fol*.

Charost (Chevalier de) Paris, 1742. *in*-8°.

Charpentier Curé de saint Leu. Paris, Martin, 1752 *in*-12.

Charron. — *Vz*. Menarsiana.

CH.

Chartraine ou le Traité des Auteurs & des Hommes Illuſtres de l'ancien Diocèſe de Chartres, par Dom Jean Liron. Paris, 1719. *in*-4°.

Chatelain Libraire. Amſterdam & Francfort.

Chauvelin, Préſident à Mortier. Paris, Damonneville, 1754.

Chauvin (Petri) Regii Medici. Pariſiis, 1714. *in*-12.

Chimiques. — *Vz.* Philoſophes.

Chirurgica. Genevæ, Crammer, 1721. 2. vol. *in-fol.*

Choiſie, contenant des Remarques Hiſtoriques & Critiques pour la connoiſſance des Livres & des Auteurs, par Paul Colomiès. La Rochelle, 1682. *in*-12.

— Id. ſeconde édition. Amſterdam, 1699. *in*-8°.

— La même, nouvelle édit. Paris, Guerin avec des Notes de Mrs Bordelot & de la Monnoye & autres, 1731. *in*-12.

— Selectiſſima. Hagæ-Comitum, 1749. *in*-8°.

Nouvelle Bibliotheque choiſie où l'on fait connoître les bons Livres en divers genres de Littérature. (Par N. J. C. Barat) Amſterdam, 1714. 2. vol *in*-12.

Choisie pour servir de suite à la Bibliotheque universelle, par Le Clerc. Amsterdam, 1703. à 1713. 28. vol. *in*-12.

— *Vz*. Bibliotheque ancienne.

— *Vz*. Bibliotheque universelle.

Chymica. — *Vz*. Borelli.

Ciaconii (F. Alphonsi) Bibliotheca continens Libros & Scriptores fermè cunctos ab initio mundi ad annum 1583.

Citaux (Caroli de Visch Bibliotheca Scriptorum Sacri Ordinis Cisterciensis, cum Chronologia Monasteriorum. Coloniæ, 1650. *in*-4°.

Classica (Georgii Draudii Bibliotheca Classica. Francofurti, 1625. 3. vol. *in*-4°.

Clementis (Claudii) exstructio, cura, usus Musei sive Bibliothecæ; accedit descriptio regiæ Bibliothecæ sancti Laurentii Escurialis. Lugduni, 1635. *in*-4°.

Cloche. Paris, 1708.

Cluniacensis, per Mart. Marrier & And. Querceranum. Paris, 1614. *in fol.*

Coaslin, Evêque de Mets, Paris, 1733.

Cochet de saint Vallier. Paris, Barrois fils, 1739.

Coisliana. P. B. de Montfaucon. Parisiis, 1715. *in fol.*

Colbert (Nicolaus) Rothomagensis

C O.

Archiepiſcopus. Pariſiis, Nyon, 1708.

Colbertina (Colbert) Pariſiis, Martin, 1728. 3. vol. *in*-12.

Colbert (Carolus Joachim) Epiſcopus Montiſpeſſullanus, Toloſæ, 1740. 2. vol. *in*-8°.

Collande (Marquis de) Paris, 1753.

Colomeſii (Pauli) opuſcula. Pariſiis, Cramoiſy, 1668. *in*-12.

Colomiez. —— *Vz*. Bibl. choiſie ci-deſſus.

Cometiana (le Comte) Paris, *in*-8°. de Bure & Montalan.

Comicorum Grecè & Latinè, per Jacob. Tertelium. Veronæ. 1616.

Commelinus (Catalogus Librorum quos vel excudit Commelinus vel quorum exemplaria ad ſe recipit : accedunt codices Mſs. ex ejus Bibliotheca. Ex Bibliop. Commelin. 1599. *in*-8°.

Comicorum (Bibliotheca quinquaginta vetuſtiſſimorum Comicorum quorum opera integra non exſtant, Græce & Latine, per Jacobum Herculeum. Veronæ, 1616 *in*-8°.

Concionum edente Georg. Bartholdo Pontano. Coloniæ Agrip. 1625. 2. vol. *in fol.*

C O.

Concionatoria. —— *Vz*. Patrum.

Conringius de Bibliotheca Augusta Wolfenbuttelensi. Helmest. 1661. *in*-4°.

Controlleur du Parnasse, ou nouveaux Mémoires de Littérature Françoise & étrangére. Berne, 1745. 3. vol. *in*-12.

Coquelet. Paris, Bauche, 1754. *in*-12.

Coquilles (Catalogue raisonné de) & curiosités naturelles avec une liste des principaux cabinets de la France & de la Hollande, & une liste des Auteurs qui ont traité de cette matiére, par Gersaint. Paris, 1730. *in*-12.

—— Coquilles. *Vz*. Estampes.

—— *Vz*. Tableaux. —— *Vz*. Curiosités.

Corberiana, Parisiis, 1656.

Corbiniana, Parisiis, 1654.

Cordesiana, Parisiis, Vitray & Saunier, 1643. *in*-4°.

Cornuau, Doctoris Sorbonici. Parisiis, 1731. Osmont & Martin.

Cossard. Totius Galliæ onus ex Joachimi Abb. opere selectum ex Bibliotheca V. Cossardi, 1587. *in*-12.

De la Coste, Doctoris Parisiensis. Parisiis, 1722.

Cottin, Prêtre, 1735. avec les prix.

Cottin, Bachelier en Theologie, Curé

du Châtelet Diocèse de Sens. Paris, Martin, 1735.

—— Id. 1741.

Cottoniana (Catalogus Librorum manu-scriptorum Bibliothecæ Cottonianæ Authore Thoma Smith. Oxonii, 1696. *in-fol.*

Coucicault. Paris, Martin, 1742.

Couet de Montbayeux Ædilis Parisiensis. Parisiis, Jolain, 1734.

Couet, Chanoine de Notre-Dame. Paris, Barrois, 1737. *in-12.*

Cour (Bibliotheque des gens de) par Gayot de Pitaval. Paris, le Gras, 1722. 5. vol. —— La même, Paris, 1732. 6. vol. *in-12.*

—— La même, Paris, 1745. 7. vol. *in-12.*

Courcier, Théologal & Chanoine de Notre-Dame. Paris, Barrois, 1740.

Le Cousturier de Mauregard. Paris, Martin, 1748.

Des Coutumes, par Cl. Berroyer & Eusebe de Lauriére. Paris, 1699. *in-4°.*

Couvai, Secretaire du Roi. Paris, 1728. *in-fol.*

* Le même, Paris, Damonneville, 1755. *in-8°.* avec la table des Auteurs.

Cremone (Franc. Arisii Cremona Litterata, seu in Cremonenses Doctrinis &

CR. CU.

Litterariis dignitatibus eminentiores chronologicæ adnotationes. Parmæ, 1702. & 1706. 2. vol. *in-fol.*

Crenii (Thomæ) dissertatio de Furonibus Librariis. Lugduni-Batav. 1705. *in-8°.*

Creve-cœur (feu Madame la Présidente de) Paris, Martin, 1758. *in-8°.*

Critique, par M. de Sainjore (Richard Simon) Paris, 1708. 4. vol. *in-12.*

—— La même ou recueil de diverses piéces critiques dont la plûpart ne sont point imprimées. Basle, 1709. 4. vol. *in-12.*

—— Id. Amsterdam, 1710. & 1714. 6. vol. *in-12.*

De la Croix (feu M. l'Abbé) Chanoine de Paris. Paris, Prault, 1738.

Croix du Maine (François Grudé de la) contenant un Catalogue général de toutes sortes d'Auteurs qui ont écrit en François depuis 500. ans & plus. Paris, 1584. *in-fol.*

Crozat (descriptions des desseins du Cabinet de feu M.) Paris, Mariette, 1741.

Crozat de Tugny. Paris, 1751. *in-8°.*

Cuperana. Daventiæ, 1717. *in-12.*

Curieuse & instructive (par le P. Me-

CU. DA. DE.

nestrier) Trevoux, Boudot, 1704. 2. parties en un vol.

Curieuse historique & critique, ou Catalogue raisonné des Livres difficiles à trouver, par David Clement. Gottingen, 1750. & suiv. 6. vol. *in*-4°.

.DA.

DAlmanniana. Hagæ-Comitum, 1723. *in*-8°.

Des Dames, traduite de l'Anglois de Rich. Steel, par Janisson. Amst. 1716. 2. vol *in*-12.

—— La même, 1719. 3. vol. *in*-12.

—— La même, 1727. 3. vol. *in*-12.

Danemarck (Alb. Bartolini de scriptis Danorum Liber Posthumus editus à fratre Th. Bartholino. Hafniæ, 1666. *in*-8°.

Danès, Docteur de Sorbonne. Paris, Osmont, 1738.

Danty Disnard, Médecin. Paris, Martin, 1744. *in*-12.

Daudeman, payeur des rentes. Paris, Martin, 1751.

David de Villeneuve. Paris, Martin, 1745. *in*-8°.

Dauphiné (Bibliotheque de) par Guy Allard Grenoble, 1681. *in*-12.

Deckeri (Joannis) conjecturæ de scrip-

DE. DI. DO. DR.

tis adespotis, Pseudegigraphis & Supposititiis. Amstel. 1686. *in*-12.

De Lan (l'Abbé) Docteur & ancien Professeur en Théologie de la Maison & Société de Sorbonne. Paris, Barrois, 1755.

Delpech de Cailly, Président en la Cour des Aydes. Paris, Bauche 1738.

Delpech de Merinville, Conseiller en la Grand'Chambre. Paris, 1738. Pepingué & Rouan.

Desmarets, Regni administri. Parisiis, 1721. *in*-12. Martin & Boudot.

Desprez, Curé de la Paroisse du Roulle. Paris, Prault, 1738.

Diamans (Catalogue des) Brillants, &c. de S. A. S. Madame l'Archiduchesse. Bruxelles, Frick, 1742. *in*-8°.

Diodori Siculi, Bibliotheca Græca Latina. Amstel. 1746. 2. vol. *in-fol.*

Dodard, Archiatri Regii. Parisiis, 1731. *in*-8°.

Dodun, Trésorier Commandeur des ordres du Roi. Paris, 1737.

Van Dole (Catalogus Ant. Van Dole. Hag. Com. Swart 1743. *in*-8°.

Dominicana (Bibliotheca) Ambrosii de Alta Mura, Romæ. Paris. Cramoisy, 1678. *in-fol.*

Draudii (Georgii) Bibliotheca Clasſica, ſive Catalogus Officinalis Librorum Theolog. Hebraicor. Juridicor. Medicor. &c. Chymicor. Franco Furti, Hoffman, 1611. *in*-4°. —— Eadem Franco-Furti, 1625. *in*-4°.

Droit (Bibliotheque Hiſtoriq. & Chronol. des Auteurs de Droit, par Denis Simon. Paris, 1695. 2. vol. *in*-12.

Du Droit François, par Bouchel avec des Nottes de Bechefer. Paris, 1667. 3. vol. *in-fol.*

—— La même, Paris & Lyon, 1674. 3. vol. *in-fol.*

Droit Civil & Canonique (des Auteurs & Interprètes du) par Denis Simon. Paris, 1692. & 1695. 2. vol. *in*-12.

Duché Durbain (Lud. Jacobilli Bibliotheca Umbriæ ſive de Scriptoribus Provinciæ Umbriæ. Fulginiæ., 1658. *in*-4°.

Du Fort, Fermier-général. Paris, Prault fils 1758.

Du Gués Bagnols Conſeiller d'Etat. Paris, 1753. Du Tot, Paris, 1741.

E C.

Eccleſiaſtica (Anaſtaſii Bibliothecarii Romani Hiſtoria Eccleſiaſtica, ſive Chronographia tripartita, ex Georg. Syncello, Nicephoro & Theophane excerpta Gr. Lat. recenſita, notis ac gloſſariis mixobarbaris illuſtrata à Carolo Annib. Fabroto. Parisiis, Typ. Regia 1649. *in fol.*

Ecclesiastica (magna Bibliotheca) sive notitia Scriptorum Ecclesiasticorum veterum ac recentiorum ordine alphabetico. Coloniæ Allobrogum, 1724. *in-fol.*

___ *Vz.* Canonique.

Ecclesiastica sancti Hieronimi, & aliorum, edita, aucta, illustrata à Jo. Alb. Fabricio. Hamburgæ, 1718. *in-fol.*

___ Id. Jo. And. Bosii schediasma de comparanda notitia Scriptorum Ecclesiast. Ienæ, 1673. *in-4°.*

___ Phil. Labbe de Scriptoribus Ecclesiast. quos attigit Bellarminus dissertatio philologica & historica. Paris, Cramoisy 1660. 2. vol. *in-8°.*

___ And. du Saussay continuatio Bellarmini de Scriptoribus ab anno 1500. ad 1600. Tulli Leucorum (à Toul) Laurents, 1665 *in-4°.*

___ Guill. Cave Chartophilax Ecclesiasticus quo propè M. D. Scriptores Ecclesiastici à Christo nato ad annum 1517. recensentur. Accedunt Paralipomena Pauli Colomesii, dissert. de Photii scriptis & passio S. Victoris Massiliensis. Lipsiæ, 1687. *in 8°.*

___ Ejusdem Cave Scriptorum Ecclesiasticorum Historia Litteraria à Christo nato uſque ad ſeculum XIV. facili methodo digeſta ; cum appendice ad ann. 1517. accedunt ejuſd. Cave diſſertationes novæ. Genevæ, 1705. *in-fol.*

— Jo. Gottfridi Olearii Bibliotheca Scriptorum Eccleſiaſticorum edita cum præfat. Jo. Fr. Budei. Ienæ, 1711. 2. t. en 1. volume *in-4°.*

Caſimiri Oudin Commentarius de Scriptoribus Eccleſiæ antiquis ad annum M. CCCC. LX. Lipſiæ, 1722. *in-fol.* 3. vol.

Eccléſiaſtiques (des Auteurs) juſqu'au XVIII. ſiécle, par Louis Elie du Pin. Paris, Pralart, 1688. *in-8°.* & ſuiv. 44. vol. *in-8°.* & autres ouvrages. — Id. Paris, 1698. 57. vol. *in 8°.*

— Id. avec la continuation de M. C L. Pierre Goujet, & les diſſertations ſur la Bible. Paris, Pralart, 1698. & ſuiv. 53. vol. *in-4°.*

— La même, 1726. & ſuiv. 67. vol. *in-8°.*

Critique de la Bibliotheque de Dupin, par Richard. Simon. Paris, 1730. 4. vol. *in-8°.*

— Critique abrégée. Id. par J. G. 2. vol. *in-12.*

— Des Auteurs Eccleſiaſtiques, par

EC. ED. EL. EN. ES.

Dom Ceillier. Paris, 1728. & suiv. 21. vol. *in*-4°.

—— Des Auteurs Ecclésiastiques, par Dupin. Paris, 65. vol. *in*-8°.

—— M. Dupin, Auteur de la Bibliotheque Ecclésiast. condamné par lui même, par M. l'Archevêque de Paris, & par le Parlement. Paris, Muguet, 1698. *in* 8°.

—— Rob. Coci censura quorumdam Scriptorum Ecclesiasticorum. Lond. 1623. *in*-4°

—— *Vz* Miræi. Bib.

Edingiana Bibliotheca. Lugduni Batavorum, 1721. *in*-12.

Elzevir (Catalogus Librorum Officinæ Elzevirianæ. Lug. Bat. 1628.

Elzevirii (Catalogus Librorum Bibliopol.) Amsterdam, 1674. *in*-12.

Des Enfans, ou les premiers élémens des Lettres, contenant le systême du Bureau Typographique. *in*-12.

—— La même, Paris, 1735. *in*-4°.

Engel (Samuel) Bibliothecarius Bernensis, Bernæ, 1743. *in*-8°.

Enjouée, ou nouvelles Savantes, Satyriques & Galantes. Paris, 1703. *in*-12.

Esnault, Curé de saint Jean en Greve. Paris, 1742.

Espagne

E S.

Eſpagne (Hiſpaniæ Bibliotheca, per Peregrinum. Franco-Furti, 1607 *in*-4°.

Eſpagne (Bibliotheca Hiſpaniæ, Auctore A. S. (Andreâ Scotto) Francof. 1608. *in*-4°.

—— Nic. Antonii Bibliotheca Hiſpana vetus & nova. Romæ, 1686. 2. tom. en 1. vol. *in-fol.*

—— Ejuſdem Bibliotheca Hiſpana nova. Romæ, 1672. 2. vol. *in-fol.*

Eſpagne (Nicolai Antonii) Bibliotheca vetus ab Octavi Auguſti Imperio uſque ad annum M. D. Romæ, 1696. *in-fol.* 2. vol.

—— Ejuſdem Bibliotheca Hiſpana nova complectens Scriptores qui poſt annum M. D. uſque ad preſentem diem floruere. Romæ, 1672. *in-fol.* 2. vol.

—— Gerhardi Erneſti de Franc-Kenau Bibliotheca Hiſpanica Hiſtorico-Genealogico-heraldica. Lipſiæ 1724. *in*-4°.

Eſſais de Littérature pour la connoiſſance des Livres depuis l'année 1702. juſqu'en 1704. inclus avec les ſupplémens de Pierre Faydit & les remarques du ſieur Peltreſtre. Paris, 1602. & ſuiv. 6. vol. *in*-12.

Eſtrade (l'Abbé d') Paris, Vaugon, 1715. *in*-4°.

ES. EU. EX. FA.

D'Estrées, Maréchal de France. Paris, Guerin, 1740. 2. vol. *in*-8°. avec le supplement d'estampes, &c.

—— Medailles antiques & modernes du cabinet de M. le Maréchal d'Estrées, 1740. br.

De l'Europe, par le Galois, *in*-12.

L'Europe sçavante. La Haye, 1718. à 1720. 12. vol.

Exotica, seu Catalogus Officinalis Librorum Peregrinis Linguis Usualibus scriptorum. Francofurti. Ostern. 1625. *in*-4°.

Exquise (Bibliotheca exquisitissima. Hag. Com. 1732. *in*-8°.

Exquise (Catalogue d'une Bibliotheque) La Haye, 1722.

Exquisitissima insignium Librorum. Hag. Com. And. Moetiens, 1732.

F A.

FAbre, Prêtre de l'Oratoire. Paris, Musier, 1754.

Fabricii (Joannis Alberti) Bibliotheca Græca, sive notitia Scriptorum veterum Græcorum. Hamburgi, 1712. & suiv. 14. vol. *in*-4°.

—— Ejusdem Fabricii Bibliotheca Latina IV. Edit. Hamburgi, 1712. & suiv. 4. vol. *in*-8°.

F A.

—— Ejuſdem Bibliographia Antiquaria. Hamburgi, 1716. *in*-4°.

Fabricii (Joannis) Hiſtoria Bibliothecæ Fabricianæ. Volfenb. 1717. & ſuiv. 5. vol. *in*-4°. —— Eadem, 1718. 6. vol. *in*-4°.

Fabricii Bibliotheca Latina. Londini, 1703. *in*-8°

—— Ejuſdem Fabricii, Bibliotheca Latina mediæ & infimæ ætatis. Hamburgi, 1734. & 1735. 9. vol. *in*-12.

Fabricius (Jo. Alb. Fabricii) Delectus Argumentorum & Syllabus Scriptorum qui veritatem Religionis Chriſt. adverſus Atheos, Epicureos, Deiſtas, Idololatras, Judeos & Mahummedanos aſſeruerunt, præmiſſa ſunt Euſebii Cæſarienſis prœmium & capita priora Demonſtrationis Evangelicæ, Gr. Lat. quæ in editionibus hactenus deſiderantur. Hamburgi, 1725. *in*-4°.

Fagon, Conſeillier d'Etat. Paris, Bauche, 1744.

Faultrier (Joachimi) Abbatis B. Virginis Arduenſis. Pariſiis, Marchand & Quillau, 1709. *in*-8°.

De la Farre, Marêchal de France. Paris, Martin, 1753.

* Fayana (Ciſternay du Fay) Pariſiis,

Martin, 1725. *in*-8°. cum pretiis, & indice Auctorum Alphabetico.

De la Faye. Paris, Bauche, 1741. *in*-8°.

Le Febvre, Receveur des tailles. Paris, veuve Robinot, 1752. *in*-8°.

Le Feron, Maître des Requêtes. Paris, Barrois, 1739.

Ferran, Conseiller d'Etat. Paris, Martin, 1731.

Ferrary (Charles) Avocat. Paris, 1730. *in*-8°.

Ferriot Ambassadeur. Paris, Prault fils, 1737.

Le Fevre. —— *Vz.* Caumartin.

Le Fevre des Laubriéres, Evéque de Soissons. Paris, Barrois, 1740.

Fleury (l'Abbé de) Chanoine de l'Eglise de Paris. Paris, Martin, 1756.

—— Florence, Bibliothecæ Mediceo-Laurentianæ Catalogus abr. Ant. Mabiscionio ejusdem Bibliothecæ præfecto digestus (tom. 1. Codices Oriental. complectens) Florentiæ, 1757. Edente And. Petro Juliano. *in-folio.*

—— Id. *in*-8°. mais on n'y a ni Préface, ni Dissertations, ni Index, ni Planches, à un petit nombre près, pour donner l'idée des differentes écritures.

FL. FO. FR.

Floriacensis vetus. —— *Vz.* Benedictina.

Folliard Ecclesiiæ Matisconensis Decanus.

Fontainebleau (Discours au Roi sur le rétablissement de la Bibliotheque Royale de Fontainebleau, par Abel de sainte Marthe, Paris, 1660. *in*-4°.

Fortiana (la Force) seu Catalogus Librorum Jacobi Nompar de Caumont, Ducis de la Force. Parisiis, Robinot & Morel, 1727.

Du Four. —— *Vz.* Longuerue.

Fourcy. Paris, Martin, 1715.

—— Id. 1730. —— Id. 1737.

Fourcy, Abbé de saint Wandrille. Paris, Martin, 1754.

Fourmont, Catalogue des ouvrages de M. Fourmont l'aîné. Paris, 1731.

—— Des Livres du même. Amsterdam, 1731. *in*-12.

La France sçavante, id est Gallia erudita critica & experimentalis novissima seu conspectus triplex Chronologicus, personalis & realis Ephemeridum eruditorum in Gallia evulgatarum ab anno 1665. ad 1681. per Cornelium à Beughem digestus. Amst. 1683. *in*-12.

La France sçavante, Acta eruditorum

publicata Lipsiæ ab anno 1682. & suiv. 64. vol. *in*-4°.

France (Bibliotheque des Auteurs qui ont écrit l'Histoire & Topographie de la France, par André Duchesne. Paris, 1618. *in* 8°. —— Id. 1627.

—— La même en Latin. Paris, 1663. *in*-12.

—— Générale des Auteurs de France du Diocèse de Chartres, par Dom Jean Liron. Paris, 1719. *in*-4°.

—— Historique de France contenant le Catalogue de tous les ouvrages qui traitent de l'Histoire de France avec des notes Historiques & Critiques, par Jacques le Long Prêtre de l'Oratoire. Paris, Martin, 1719. *in-fol.*

Françoise, par François Grudé, sieur de la Croix du Maine. Paris, 1584. *in-fol.*

Françoise, par Antoine du Verdier. Lyon, 1584 *in-fol.* — Id. 1586.

—— La même, par Ch. Sorel. Paris, 1664. *in*-12.

—— La même, 1667.

—— La même, par François Denis Camusat. Amsterdam, 1723. & années suivantes; 3. vol. *in*-8°.

Françoise, ou Histoire Littéraire de France. Amsterdam, 1735. & suivantes, 52. vol. *in*-12.

— La même, par l'Abbé Goujet. Paris, 1740. & suiv. 16. vol. *in*-12.

Franck (Jo. Christoph) Bibliotheca novissima observationum ac recensionum. Halæ Magdeburgicæ, 1718. *in*-4°.

Du Fresne (Catalogus Librorum Bibliothecæ Raphaelis Triccheti Du Fresne. Parisiis, 1662. *in*-4°.

Frison de Blamont Procureur au Parlement de Paris, 1731.

Fritschil (Catalogus Librorum. Lipsiæ, 1728. *in* 8°.

Frize (Comte de) Paris, Morel, 1756.

G A.

GAcon, Avocat au Parlement. Paris, Barrois 1737.

Gaffalelli (Jacobi) Index Codicum Manuscriptorum Cabalisticorum, Joannis Pici Mirandulani. Parisiis, 1651. *in*-8°.

Gaignat. Paris, Piget, 1739.

Gallica (Bibliographia) Jacob. seu Catalogus Librorum in Gallia, anno 1646. excusorum. Parisiis, 1647. *in*-4°.

La Galissonniére Lieutenant-Général des armées du Roi. Paris, Damonneville, 1757 *in*-8°.

Gallois (Joannis) Parisiis, 1710. *in*-12.

Gallois (Abbatis sancti Martini Corensis. Parisiis, Seneuze, 1720.

GA GE.

Gallois (Traité des plus belles Bibliotheques de l'Europe, par le ſieur le Gallois. Paris, 1680. *in-8°.*

—— Gaillot. — *Vz* Mandat.

Garnier & Bonnet, 1747. *in-8°.*

Gaſcq de la Lande, Thréſorier de France. Paris, Martin, 1756.

Gaultier (l'Abbé) Paris, 1756. Didot. *in 8°.*

Le Gendre, Patroni. Pariſiis, Emery, 1726.

Le Gendre de ſaint Aubin. Paris, Gandouin, 1726.

Le Gendre de Collande, Maréchal de Camp, 1738.

Le Gendre d'Armeny. Paris, Praule fils, 1740.

Gendron, Médecin. Paris, Barrois, 1751.

Genes (République de) Auguſt. Oldoini Athenæum Liguſtinum ſeu ſyllabus Scriptorum Ligurum nec non Sarzanenſium ac Cyrnoinſium Reipublicæ Gennenſis ſubditorum. Peruſiæ, 1680 *in 4°.*

Sainte Geneviéve (le Cabinet de la Bibliotheque de l'Abbaye de) par Claude du Molinet avec figures. Paris, 1692. *in-fol.*

Genlis, Chanoine de Peronne, 1738.

G E.

Des Gens de Cour, par Gayot de Pitaval. Paris, 1722. à 1725. 5. vol. *in*-8°.

Geoffroi Doctoris Medici. Parisiis, Martin, 1731. *in*-8°.

Geoffroy de l'Académie des Sciences, Paris, Martin, 1754.

Géographique (Alph. Lasor à Varea Universus terrarum orbis Scriptorum calamo delineatus, hoc est Authorum qui de Europæ, Asiæ, Africæ & Americæ regnis, moribus, &c. Scripserunt Elenchus : cum figuris. Patavii, 1713. 2. vol. *in-fol.*

Germanica (Swertii Athenæ Belgicæ sive Scriptores inferioris Germaniæ. Antuer. 1628. *in-fol.*

Germanica, Hertzii Bibliotheca, sive notitia Scriptorum rerum Germ. Erfurti, 1679. *in-fol.*

Germanique ou Histoire Littéraire de l'Allemagne & des pays du Nord, 1720. à 1741. 50. parties en 25. vol. *in*-8°.

Nouvelle Bibliotheque Germanique depuis 1746. jusqu'en 1750. Amsterdam, 1746. & suiv. 12. vol. *in*-12.

Germond. Paris, Martin, 1756.

Gersaint (Catalogue des Livres, Tableaux, Estampes, &c. de M.) Paris, 1751. *in*-8°.

GE. GI. GL.

Gesner (Gesneri Conradi) Bibliotheca universalis, sive Catalogus omnium Scriptorum Locupletissimus in tribus Linguis Latina, Græca, Hebraïca extantium & in Bibliothecis latentium. Tiguri, 1545. *in-fol.*

—— Ejusdem Pandectarum sive partitionum universalium Libri XIX. ibid. 1548.

Conr. Gesneri Bibliotheca. Tiguri, 1545. & 1548. 2. vol. *in-fol.*

—— Josiæ Simleri & Joannis Frisii Epitome Bibliothecæ Conradi Gesneri. Tiguri, 1574. *in fol.*

—— Id. 1583. *in-fol.*

Giornale de Letterati, &c. — *Vz.* Journaux.

Girardot de Prefont. Paris, de Bure, 1757. *in-8°.*

Giraud (Joannis) Parisiis, Robustel, 1707. *in-12.*

* Giraud de Moucy. Paris, Barrois, 1753. *in-8°.*

Glatigny (Catalogus Librorum D. D. Gabrielis) Lugduni, apud Fratres Duplain, 1755. *in-8°.*

* Glucq de saint Porcq, Conseiller honoraire au grand Conseil. Paris, Prault, 1749. *in-8°.*

GO. GR.

Godefroy (Catalogue raiſonné des Tableaux , Diamans , &c. de la ſucceſſion dem.) par Gerſaint. Paris, Prault pere.

Godefroy (Ecuyer Avocat au Parlement. Paris, Barrois , 1746. *in*-8°.

Goeſbriant (Marquis de) Paris , Barrois , 1746.

Goiſlard de Monſabert , Conſeiller au Parlement. Paris , Bauche , 1734. *in*-12.

Goiſlard , Doctoris Theologi. Pariſiis , Martin , 1725.

Gougnon (le Chevalier) Bourges.

Goujet. —— *Vz.* Françoiſe.

Le Goux de la Rochepot , Conſeiller d'Etat. Paris , 1738.

Gouy , Avocat au Parlement. Paris , Martin , 1737. avec les prix.

Græca , Jo. Alberti Fabricii Bibliotheca Hamburgi , 1718. 14. vol. *in*-4°.

Græca Divi Marci Bibliotheca Codicum Manuſcriptorum. Venetiis , 1740. *in-fol.*

Græcorum Patrum Auctarium noviſſimum , per Franciſc. Combefis. Pariſiis , 1672. 2. tom. en 1. vol *in-fol.*

* Du Grand Conſeil (diſpoſé par l'Abbé Boudot. Paris , Simon fils , 1739. *in*-8°.

Des Grands (Cabinet ou Bibliotheque) contenant des remarques ſur tous les

GR. GU. HÆ. HA.

Etats souverains, par Gedeon Pontier. Paris, 1687. 2. vol.

—— La continuation du Cabinet des Grands. —— Id. 1691.

La Grange Trianon (l'Abbé) Paris, Barrois, 1737.

Gravelle, Catalogue des Livres & Estampes de M.) Paris, 1752. *in-8°.*

Gros. —— *Vz.* de Boze.

Grudé. —— *Vz.* La Croix du Maine.

Gualteri. —— *Vz.* Slusiana.

Gudii Marq. Bibliotheca. Hamburgi, 1706. *in-4°.*

Guichard, Huissier Priseur au Châtelet. Paris, Bauche, 1756. *in-8°.*

Guyot de Monchongni Secretaire du Roi. Paris, Prault, 1731.

H Æ.

HÆreticorum (Catalogus Conrardi Schusselburgii in quo Servetianorum & Sanguinariorum, Hypocritarum, &c. blasphemiæ, errores & argumenta reperiuntur. Franco-Furti, 1599. 4. vol. *in-12.*

Hall, (Abraham) 2. vol *in-8°.*

Hallé. Paris, 1730. *in-8°.*

Hallervodii (Joannis) Bibliotheca curiosa in quâ plurimi rarissimi & paucis

H A. H E.

Cogniti Scriptores indicantur. Francof. 1676. *in*-4°.

Hanqueville Docteur de Sorbonne. Paris, 1738.

Hanson (Erid. Ad. Hansen ab Ehreneron Bibliotheca. Hag. Com. 1718. *in*-8°.

Harcourt Maréchal de France. Paris, Bauche, 1750.

De Harlay M. de Vieubourg. Parisiis, Martin, 1735.

Harleianæ (Catalogus Bibliothecæ Harleianæ. Lond. 1643. 2. vol. *in*-8°.

—— Id. 1748. 4. vol. *in*-8°.

La Haye (Catalogue des Livres & Estampes de feu M. de) Lille 1741.

* La Haye, Fermier-Général. Paris, Martin, 1754. *in*-8°.

Haym (Nicol.) Notizia de Libri rari nella Lingua Italiana. Londra, 1726. *in*-8°.

—— Id. Venezia Angiolo Geremia, 1728. *in*-4°.

Hebraïca. —— *Vz.* Imbonati.

Hecquet Médecin. Paris, Martin, 1737.

Hensiana. Lug. Bat. 1682. *in* 8°.

De Hericourt, Avocat au Parlement. Paris, Martin, 1753. *in*-12.

HE. HI.

D'Hermand, Ingénieur. Paris, Martin, 1739.

— Id. Estampes & Desseins, 1739.

Hermanni (Christophori Augusti) de Libris Anonymis Schediasma. Ienæ, 1711. *in*-8°.

Hervé, Secretaire du Roi. Paris, Martin, 1733.

Hispania. — *Vz.* Espagne.

Introduction à l'histoire des principales Bibliotheques de Paris, par Daniel Maichel imprimé en 1921. *in*-8°. *Vz.* Mercure de Juillet 1729. pag. 1587.

Histoire des ouvrages des Sçavans depuis le mois de Septembre 1687. jusqu'au mois de Décembre 1699. inclusivement par Henri Basnage de Beauval. Rotterdam, 1687. 17. vol. *in*-12.

— Id. Burc. Gotthelfhii Struvii Bibliotheca Historica Selecta. Ienæ, 1705. 1. tom. en 2. vol.

— Id. du XVII. siécle, Christianii Gryphii dissertatio de Scriptoribus Historiæ seculi XVII. Lipsiæ, 1710. *in*-8°.

Historiale de Nicolas Vignier. Paris, 1750. 4. vol. *in-fol.*

— La même, 1587. — Id. 1650.

Des Historiens de France, par Duchesne. Paris, 1627. *in*-8°.

Des Historiens (Bibliotheque univerſelle des Hiſtoriens, par Louis Ellies Dupin. Paris, 1707. 2. vol. *in* 8°.

— Id. Amſterdam, 1708. *in*-4°. 1. vol.

— *Vz*. Univerſelle.

Hiſtorique des Auteurs de Droit, par Denis Simon. Paris, 1692. *in*-12.

Hiſtorique (Pauli Bolduani Bibliotheca Hiſtorica, ſive Elenchus Scriptorum Hiſtoricorum & Geographicorum. Lipſiæ, 1620. *in*-4°.

— Id. Corn. à Beughem Bibliographia, Hiſtorica, Chronologica, & Geographica; accedit ejuſdem muſeum iconum ſeu imaginum Virorum Illuſtrium. Amſtel. 1685. *in*-12.

— Burcardi Gotthelfi Struvii ſelecta Bibliotheca Hiſtorica Ienæ, 1705. *in*-8°.

— Diodori Siculi Bibliotheca Hiſtorica, Gr. Lat. interprete Laurentio Rhodomano, nova editio ex receuſione Petri Weſſelengii. Amſtelodami, 1746. 2. vol. *in-fol.*

— Hiſtoire univerſelle de Diodore de Sicile, trad. du Grec, par l'Abbé Terraſſon. Paris, 2737. 7. vol. *in*-12.

Hohendorfiana (George Guillaume Baron d'Hohendorf) La Haye de Hondt, 1720. *in*-8°.

L'Homme d'un Livre ou Bibliotheque

HO. HU. HY. JA.

dans un ſeul petit Livre, par Eudes de l'Arche. Leyde, 1718. *in*-12.

De Hondt, Libraire à La Haye 1737. *in*-8°. par Lettre Alphabétique.

Houel (l'Abbé) Paris, 1735. *in*-12.

Hoym-Comitis de) Pariſiis, Martin, 1738 *in*-8°.

Huguenin, premier Commis de la Police. Paris, Martin, 1755.

Huguet de Semonville, Senatus Pariſienſis Decani. Pariſiis, 1732. avec le ſupplément, Martin & Bauche.

Hulſiana. Hag. Com. 1730. 4. vol. *in*-8°.

D'Huxel, Maréchal de France. Paris, 1730. *in*-8°.

Hyde (Thomæ) Oxoniæ, 1674. *in-fol.*

J A.

JAnſeniſte (par le P. Colonia, ſeconde édition. Lyon, 1731. 2. vol *in*-12.

—— La même avec la réponſe. Bruxelles, 1739. 3. vol *in*-12.

—— La même, quatriéme édit. Bruxelles, 1740. 2. vol. *in*-12.

—— Réponſe à la Bibliotheque Janſeniſte avec des remarques. Nancy, 1740. *in*-12.

Phil. Labbe Bibliotheca Antijanſeniana. Pariſiis, 1654. *in*-4°.

Jan-

JA. JE. IM. IN.

Jansonianæ (Catalogus Librorum Officinæ Jansonianæ. Amstel. 1650. *in*-8°.

Jansonii (Theodori) ab Almeloveen Bibliotheca promissa & latens; accedunt Geor. Hieron. Velschii de scriptis suis ineditis Epistolæ. Gændæ, 1688. *in*-8°.

Jansonius à Waesberge (Ægidius) Gedani, Dantzick, 1697. *in*-8°.

Des Jésuites de Paris (Sistema Bibliothecæ Collegii Parisiensis Societatis Jesu (Autore Joanne Garnerio) Parisiis, 1678. *in*-4°.

—— Id. Phil. Alegambe Bibliotheca Scriptorum Soc. Jesu post Petr. Ribadeneiram concinnata ad an. 1642. Antuerpiæ, 1643. *in-fol.*

—— Eadem continuata per Natanaelem Sotvellum usque ad ann. 1675. Romæ de Lazzaris, 1676. *in-fol.*

Jésuitique 1726.

Imbonati (Caroli Josephi Bibliotheca Latino-Hebraïca sive de Scriptoribus Latinis qui contra Judæos vel de re Hebraïca scripsere. Romæ, 1694. *in-fol.*

Impartiale, par M. Formey. Leyde, 1750. 15. vol. *in*-8°. (Paris Briasson.)

Imperialis (Josephi Renati) Cardinalis. Romæ. 1711. *in-fol.*

Inderveldiana (Joannes Waltherus

H

Indervelde. Hagæ Com. Moetiens & de Haen, 1737.

Index Librorum prohibitorum, Coloniæ, 1627. *in-8°.*

—— Id. Romæ 1667. *in-fol.*

—— Id. Matriti 1667. *in-fol.*

Index Librorum prohibitorum & expurgandorum noviſſimus juſſu Ant. à Sotomajor editus. Madriti, Diaz 1667. *in-folio.*

Index Librorum prohibitorum Clementis X. Pontificis maximi juſſu editus. Romæ, 1670. *in-douze.*

Index Librorum prohibitorum Innocentii XI. S. Pont. juſſu editus uſque ad ann. 1641. &c. Romæ, 1704. *in-8°.*

—— Index expurgatorius, Librorum, Argent. 1609. *in-8°.*

Journaux (le Journal des Sçavans digeré & publié en l'année 1665. par le ſieur Hedouville (Denis de Sallo Conſeiller au Parlement) & depuis 1666 incluſivement juſques & compris 1733. par Jean Gallois, l'Abbé de la Roque, Louis Couſin, Claude François Fraguier, & la compagnie des Gens de Lettres ſous les auſpices de M. l'Abbé Bignon & ſucceſſivement ſous les yeux de MM. les Chanceliers d'Aguesseau & de Lamoignon. Paris, 80. vol. *in*-4°.

Ce Journal se contrefait en Hollande *in*-12. mais on y foure souvent des analyses & autres piéces qui ne peuvent être que désavouées par les sages & habiles Auteurs chargés à Paris de soûtenir cet important travail.

Depuis 1724. inclusivement, on le publie à Paris *in*-4°. & *in*-12.

Table générale des matiéres contenues dans le Journal des Sçavans. Paris, 1753. 7. vol. *in*-4°.

Journaux (Histoire Critique des) par François Denys Camusat) Amsterdam, Bernard, 1734. *in*-12.

Giornale deLetterati dopo l'anno 1686.insino al 1693. Parma e Modena 7.vol. *in*-4°.

Giornale de Letterati d'Italia dopo l'anno 1710. insino al 1727. Venetia 39. vol. *in*-12.

—— Suppleniti al detto Giornale, da Girol Lioni Venetiæ 1722. 2. vol.

—— Observsiaoni Letterarie che posso servire di continuarione.

—— Giornale d'Italia (da Maffei) Verona 1737. & seq. 6. vol. *in*-12.

Riposta di Franc. Gorri Autore del useo Etrusco alle dette osservazioni. Firenze Abbizzini, 1739. Esama della Controversia Litteraria sul Museo Etrusco *in*-12.

Journal Littéraire pour l'année 1705. Soleure 1705. 2. vol. *in*-8°.

Journal de Trévoux (Mémoires pour servir à l'Histoire des Sciences & Beaux-Arts receuillis par l'ordre de M. le Prince souverain de Dombes depuis le mois de Janvier 1701. jusqu'à 1758. inclus. Trévoux 1701. & suiv. 740. Journaux formant environ 240. vol. *in*-12.

—— Id. de Verdun intitulé Journal historique sur les matiéres du temps depuis la paix de Riswick en 1697, jusques à 1758. inclus, fait 110. vol. *in*-8°.

—— *Vz*. Verdun.

—— Id. Littéraire depuis le mois de May 1713. jusqu'en 1732. inclus, (par les sieurs Alexandre Van-Essen, S. Gravesande, Marchand, de Sallengre, & Themiseul de saint Hyacinthe.) La Haye 1713. &c. 19. volumes *in*-8°.

Isenghien (Marêchal de France) Paris, Martin, 1756. *in*-8°.

—— Italiana (Notizia de Libri rari nella Lingua Italiana da Nicolai Haym aggiuntovi il Libro della eloquenza Italiana di Giusto Fontanini. Londra, 1726. *in*-8°.

—— Id. Venezia 1728. *in-8°.*

—— Della medesima nuova editione accresciuta; ove son posti i prezzi. Venezia, 1736. *in-4°.* —— Id. 1741. *in-4°.*

Italienne (Della eloquenza Italiana da Giusto Fontanini aggiuntovi un Catalogo de Libri Italiani piu excellenti del medesimo. Roma, 1706. *in-4°.*

—— Della medesima nuova editione accresciuta. Roma, 1736. *in-4°.*

Italique ou Histoire Littéraire de l'Italie. Genève, 1728. & suiv. 18. vol. *in-12.*

Julien de Prunay, avocat au Parlemeut. Paris, 1736.

Juris Canonici (Bibliotheca) veteris, studio Guil. Voelli & Henr. Justelli. Lut. Par. Billaine, 1662. 2. vol. *in-fol.*

—— *Vz.* Droit.

Justiniani (Fabiani) Index universalis Alphabeticus materias in omni facultate pertractatas earumque Scriptores & locos designans. Romæ, 1712. *in-fol.*

Justus Lipsius. *Vz.* Sarraziana.

K O.

Konigia (Geor. Matth.) Bibliotheca vetus & nova ad annum 1678. Altdorfii, 1678. *in-fol.*

L A.

LAbbe (Phil. Labbei Bituricì) nova Bibliotheca Mss. Librorum sive specimen antiquarum lectionum Latinarum & Græcarum. Parisiis, 1652. *in*-4°.

La même, 1657. 2. vol. *in-fol.*

—— *Vz.* Bibliotheca Bibliothecarum.

De la Cour Damonville, Ecuyer Avocat en Parlement. Paris, Damonneville 1756.

La Faille (Gilberti de) Bruxellis 1680.

La Fare Marêchal de France. Paris, 1733.

De La haye. —— *Vz.* La Haye.

Lambecii (Petri) Medicea Bibliotheca. Prodomus Historiæ Litterariæ & iter Cellense : accedunt Alex. Ficheti arcana studiorum methodus; & Guil. Langii Catalogus Mss. Bibliothecæ Mediceæ. Lipsiæ, 1610. *in-fol.*

Lambecius. —— *Vz.* Cæsarea.

* Lambertina (cum pretiis) Lambert Urbis Præfecti. Parisiis, Martin, 1730. cum indice Alphabetico Auctorum *in*-8°.

De Lan Docteur de Sorbonne. Paris, Barrois, 1755.

De Lalande. Paris, 1756. *in*-8°.

Lancelot de l'Académie des Belles-Lettres. Paris, 1733. *in*-8°.

L A. L E.

— Id. Paris, Martin, 1741. *in-8°.*

Lasseré ancien Conseiller au Parlement, Paris, Merigot. 1756.

— Latina (Fabricii Bibliotheca Latina. Venetiis, 1728. 2. vol *in-4°.*

Latinii Bibliotheca sive observationes in Scriptores sacros & prophanos. Romæ, 1674. *in-fol.*

Latins (Auteurs) Christophori Sandii notæ in Ger. Jo. Vossii Libros tres de Historicis Latinis. Amstelodami, 1677. *in-12.*

Laubriére. — *Vz* Le Fevre.

Lauriére Jurisconsulti. Parisiis, Le Mercier, 1729.

Le Bas de Courmont. Paris, Morel & Robinot. 1730.

Lechassier Conseiller au grand Conseil. Paris, Moette 1738.

Legal (le Marquis de) Paris, 1753.

Leiden (Catalogus Bibliothecæ. Lugduno-Batavæ, 1674. *in-4°.*

— Id. 1716. *in-fol.*

Le Long. — *Vz.* Bibliotheque historique: à France.

Le Roi (Abbatis) Parisiis, Moette, 1738.

Lettres sur quelques Ecrits de ce temps par M. Freron, 1750. à 1758. *in-12.*

LE LI.

Lettres Critiques ou Analyse & réfutation de divers Ecrits modernes contre la Religion, par M. l'Abbé de Gauchat. Paris, Claude Herissant 1758. 10. vol. *in*-12. cet ouvrage se continue.

— Levêque de Gravelle Doyen de la Chambre des Comptes. Paris, Martin. 1740.

Des Libraires sous le nom de M***. Paris, Gaudoin & Piget 1740.

Of the Libraries (Catalogue) London. 1752. *in*-8°.

Librorum .novorum (Bibliotheca Ludolphi Kusteri) Traj. ad Rhenum 1697. 5. vol. *in*-8°.

Nova Librorum rariorum collectio. Magdeburg, 1709. 3. vol. *in*-8°.

—— Burcardi Gotthelffi Struvii Bibliotheca Librorum rariorum. Ienæ 1719. *in*-4°

Linguet, Professeur de seconde au Collége de Navarre. Paris, 1735.

Lipinii (Martini) Bibliotheca Realis juridica. Francofurti ad Men. 1679. *in-fol.*

Lipinii (Martini) Bibliotheca, Juridica, Philosophica, Medica. Francof. 1685. 6. vol. *in-fol.*

Leipsic (Acta eruditorum publicata. Lipsiæ. ab anno 1682. ad an. 1732. Lipsiæ 1682. & seq. *in*-4°. 50. vol.

LI.

— Eorumdem Supplementa. Lipsiæ 1692-1729. 9. vol. *in*-4°.

— Indices generales Actorum Eruditorum. Lipsiæ, 1693-1723. 4. vol. *in*-4°.

Des Livres nouveaux, Juillet & Août 1726. 2. tom. br.

— Bibliotheca novorum Librorum collecta à L. Neocoro (Ludolpho Kustero) & Henrico Sikio à mense Aprili 1697. ad Decembrem anni 1699. inclusivè. Trajecti ad Rhenum 6. vol. *in*-8°.

Littéraire (Burc. Gotthelffi Struvii introductio in notitiam rei Litterariæ & usum Bibliothecarum. Accedunt dissertatio de doctis impostoribus, necnon supplementa necessaria. Ienæ, 1710. *in*-8°.

— Histoire Littéraire de la France; par des Religieux Bénédictins de la Congrégation de saint Maur, (Dom Rivet & ses continuateurs Dom Taillandier, Dom Clemencet, Dom Clement & autres. Paris, 1733. & suiv. 10. vol. *in*-4°. le onziéme sous presse.

— Nouvelles Littéraires depuis le mois de Janvier 1715. jusqu'en Septembre 1719. inclus, par Henri du Sauzet. La Haye, 1715. 11. vol. *in*-8°.

— Id. depuis Octobre 1738. à 1744. La Haye 1738. & suiv. 19. vol. *in*-12.

LI. LO.

—— Id. Obſervationes ſelectæ ad rem Litterariam ſpectantes (Auctore M. Jac. Thomaſio) Halæ, 1700. & ſuiv. 11. vol. *in*-8°.

— Journal Littéraire depuis le mois de Janvier 1713. juſques en 1732 inclus, &c. — *Vz*. ci-devant Journal.

— Mêlanges d'Hiſtoire & de Littérature recueillis par Vigneul de Marville (Noel d'Argonne Chartreux) nouv. édit. Paris, 1713. 3. vol. *in*-12.

Mémoires de Littérature (par Albert Henri de Sallengre. La Haye 1715. & 1717. 2. vol. *in*-8°.

—— Continuation des Mémoires de Littérature (par le P. des Molets) Paris, 1726. & ſuiv. 11. vol. *in*-12.

Recueil de piéces d'Hiſtoire & de Littérature, par l'Abbé Granet 1731-1741. 4. tom. *in*-12.

Réflexions ſur les ouvrages de Littérature, par le même, 1736-1740. 12. vol. *in*-12.

Littérature ou Hiſtoire Littéraire de l'Europe depuis Janvier 1726. à Décembre de ladite année par G. de Merville. La Haye, 1726. 3. vol. *in*-8°.

* Longuerue (Louis du Four de) Abbé

des Septfontaines & de ſaint Jean du Gard, Paris, Barrois 1735 *in*-12.

De Lorangere. —*Vz.* Quentin.

— Catalogue raiſonné de divers curioſités du Cabinet de feu M. Quentin de Lorangere. Paris, Barrois 1744 *in*-12.

Lorraine (Bibliotheque de) ou Hiſtoire des Hommes illuſtres qui ont fleuri en Lorraine dans les trois Evêchés, &c. par D. Calmet, Abbé de Senones. Nancy. 1751. *in-fol.*

Lugduno (Batavæ) Bibliothecæ publicæ Univerſitatis. Lugduni Batavorum. 1674. *in*-4°.

Eadem cum Theſauro librorum Orientalium præcipuè Manuſcriptorum Lugduni Batavorum. 1716. *in-fol.*

M A.

MAboul, Maîtres des Requêtes. Paris. David. 1758. *in*-8°. avec le ſupplément.

Macé Patroni, Pariſiis. Martin. 1725.

Magneux, Avocat au Parlement. Paris. Barrois. 1741.

Le Maigre, (l'Abbé) Chanoine de S. Germain de l'Auxerrois. Paris, Gandouin. 1728.

Maigret. Paris. 1752. *in*-8°.

M A.

Maillart, Avocat au Parlement. Paris, Osmont, 1743.

Maittaire. (A Catalogue of the large and valvable Librari, &c. 1748. 2 vol. *in*-12.

Mandat, Maître des Requêtes. Paris, David 1755. *in*-12.

Mandosii Bibliotheca Romana, sivè Scriptores Romani. Romæ 1682 *in*-4°.

Manuscriptorum —— *Vz.* Labbe.

Manuscriptorum (Catalogus codicum Manuscriptorum Bibliothecæ Regiæ. Paris. 1739. 2 vol. *in-fol.* —— id. 1744. 2 vol. *in-fol.*

De la Marck, Paris. 1751 *in*-8°.

Mariot, Avocat au Conseil, Paris, Martin. 1751.

Markiana, Hagæ Com. 1712 *in*-8°.

—— Id. Henrici Hadriani Wan-der-Marck subjicitur series Numismatum Cimelii Marckiani, Hag. Com. 1727.

—— Id. Lugduni Batavorum. Calevier. 1731.

Marolles, Catalogue de livres, d'estampes & de figures en taille-douce, par Michel de Marolles. Paris, Leonard. 1666. *in*-8°.

—— Autre id. par le même. Paris, Langlois. 1672. *in*-12.

MA ME.

S. Martialis Lemovicensis, Parisiis. Barbou. 1730.

Martiniana, ou Catalogue des livres de M. David Martin. la Haye 1752. *in*-8°.

Mascurat, (Table du) Martin. 1732.

Masson de Maison-Rouge, Paris. Barrois 1752.

Mathématiques, (Corn. à Beughem, Bibliographia Mathematica & Artificiosa. Amst. 1688. *in*-12.

S. Maur Bern. Pez Bibliotheca Benedicto--Mauriana. August. Vindel. 1716. *in*-8°.

S. Maur, (Bibliotheque historique & critique des Auteurs de la Congrégation de S. Maur, par Dom Philippe le Cerf de la Vieuville, Religieux Bénédictin de la même Congrégation) la Haye 1726. *in*-12.

Défense du livre qui a pour titre Bibliotheque historique & critique des Auteurs de la Congrégation de S. Maur, par le même, Paris. —— Chaubert. 1727. *in*-12.

Mazadè, Fermier Général, Paris. Martin. 1751.

600 Médailles antiques, Burc. Gotthelffi Struvii Bibliotheca numismatum antiquorum, complectens Autores qui de Numismatibus scripserunt; Familias & Impp.

M E.

quorum numiſmata aſſervantur, nomina & materias numiſmatum, characteres & inſcriptiones numiſmatum, & notas in numiſmatibus occurrentes. Ienæ. 1693. *in*-12.

Médecine, (Bibliotheque en abrégé) concernant la vraie Médecine conduite par la lumiére dédiée à la raiſon. Amſterd. 1745. 2 vol. *in*-4°.

Médecine, (Bibliotheque choiſie de) par Planque, Médecin. Paris d'Houry. 1748. 2 vol. *in*-4°.

Medico practica, Jacobi Mangeti. Genevæ. 1685. 4 vol. *in-fol.*

Medicorum (Joannis-Jacobi Mangeti) Bibliotheca ſcriptorum Medicorum. Genevæ. 1731. 4 vol. *in fol.*

Mediolanum, (Philip. Argelati) Bibliotheca Scriptorum Mediolan. ſeu Elogia & Acta Scriptorum Mediolan. acced. Joſ. Ant. Saxi Hiſtoria litterario-Typographica ab an. 1465. ad an. 1500. Mediol. 1745. 2 vol. *in-fol.*

Menarſiana, (Jacques Charron de Menars) la Haye. 1720. *in*-4°.

Menckeniana. Lipſiæ. 1727. *in*-8°.

Mercier, ancien Curé de S. Germain l'Auxerrois.

Mercure François, commençant l'an 1605, finiſſant à l'an 1635, & continué jusqu'en 1644. par Théophraste Renaudot, contenant 40 vol. *in*-8°.

Mercures galants & Mercures de France depuis le 1. Janvier 1672. au 1. Mai 1758.

1672. à 1610. M. De Visé.

Jean Donneau sieur de Visé, Historiographe du Roi, fut le premier Auteur du Mercure, dit alors *Mercure Galant*, il commence du 1 Janvier 1672, mais il n'y a que six volumes de cette année-là, jusques à 1677. Le même Auteur a continué le Mercure depuis ladite année 1677, jusques & compris le mois de Mai 1710; il est mort le 8 Juillet suivant, & a composé pendant 38 années 483 vol. *in*-12. compris les extraordinaires.

1710. M. Du Fresny.

Charles Riviere du Fresny, Valet de Chambre du Roi Louis XIV. Controlleur de ses jardins, &c. né en 1648. mort le 6 Octobre 1724. âgé de 76 ans, a continué le Mercure depuis le mois de Juin 1710. sous le même titre de Mercure Galant jusqu'au mois de Décembre 1713. qu'il ceda son Privilége au sieur le Fevre. Il a composé 44. vol.

1714. M. Le Fevre.

Le sieur le Fevre a suivi cet Ouvrage

ſous le même titre juſqu'au mois d'Octobre 1716 incluſivement, & a compoſé 36 vol. il n'y eut point de Mercure pendant les mois de Novembre & Décembre 1716.

1717. M. Buchet.

Le 1 Janvier 1717 ce Livre a paru ſous le titre de *Nouveau Mercure*, dont le ſieur François Buchet obtint le Privilége par Lettres données à Paris le 19 Janv. 1717. Il a donné 53 vol. juſques en 1721. qu'il eſt mort.

1721. M. De la Roque.

Antoine de la Roque, Ecuyer, ancien Gendarme de la Garde ordinaire du Roi, Chevalier de l'Ordre Militaire de S. Louis, obtint par Brevet du 17 Octobre 1724, & Lettres-Patentes données en conſéquence le 9 Novembre ſuivant, la permiſſion de compoſer le *Mercure de France*; il l'avoit commencé dès le mois de Juin 1721. ayant traité dans ce tems du Privilége du Mercure, & il l'a continué juſques à ſa mort arrivée le 3 Octobre 1744 dans la 72 année de ſon âge; il a compoſé pendant 23 années, & 4 mois depuis le mois de Juin 1721 juſques & compris le mois d'Octobre 1754. ſans aucune interruption 331 vol. avec la ſatisfaction de la Cour & du Public.

1744.

ME.

1744. MM. Fuzelier & De La Bruere.

Par Brevet du Roi donné au Camp devant Fribourg le 31 Octobre 1744. Sa Majesté a accordé le Privilége du *Mercure de France* aux sieurs Louis Fuzelier & Charles De La Bruere, qui ont donné 81 vol. depuis le mois de Novembre 1744. jusqu'au 1 Juillet 1750.

Depuis le 1 Juillet 1750. M. l'Abbé Raynal a fait seul le *Mercure* jusqu'au 1 Janvier 1755, & a donné 65 vol.

1755. M. De Boissy.

M. Louis de Boissy, de l'Académie Françoise obtint alors le Privilége du *Mercure*; & depuis le 1 Janvier 1755 jusques & compris le mois de Juillet 1758, lui & ses enfans ont donné au public 56 vol. Cet Auteur est mort à Paris le 20 Avril 1758 dans la 64 année de son âge, & a été inhumé le 22 du même mois à Saint Benoît.

1758. M. Marmontel.

M. Marmontel, après la mort de M. De Boissy, a obtenu le Privilége du Mercure de France, & il a donné son premier volume au mois d'Août 1758. qui fait le 1148me vol. depuis l'établissement de cet Ouvrage en 1672. jusqu'en 1758.

ME. MI. MO.

RECAPITULATION.

Mrs De Visé.	483	vol. *in*-12.
Du Fresny	44	
Le Fevre	36	
Buchet.	53	
De la Roque	331	
Fuzelier & la Bruere	81	
L'Abbé Raynal	63	
De Boissy	56	
Marmontel	1	
Total	1148.	

De Meziere, Avoçat, Paris Martin, 1735.

Militaire, (le Soldat ou le Métier de la Guerre avec un essai de Bibliotheque Militaire) Francfort, 1743. *in*-8°.

Millasier, Secrétaire de M. d'Argenson. Paris, Martin. 1733.

Mirœi Bibliotheca Ecclesiastica. Antu. 1639. *in-fol.*

Moetiens, (Adrianus) Hagæ Comitum Moetiens, 1732.

Montal, Avocat au Parlement. Paris. Rolin. 1738.

Monumenta varia inedita è museo Joachini Frederici Felleri. Ienæ, 1714. 1716. *in*-4°.

Morel, Paris, Bauche. 1754. *in*-8°.

Mortemart, (Cabinet d'Estampes de

MO. MU.

M. le Duc de) Paris, Briasson. 1739.

Morville, (Comte de) Paris, Martin. 1732.

Moscovie, (Arcana Bibliothecæ Moscuensis sacra. Lipsiæ, 1724. in-8°.

Mouffle de Champigny. 1754.

Mundi, (Bibliotheca) seu Vincentii Burgundi speculum quadruplex, naturale, doctrinale, historiale. Duaci. 1624. 4 vol. in-fol.

NA. NE.

NAples (Bibliotheca Napolitana) è Apparato agli huomini illustri in lettere di Napoli è del regno, insino all. anno 1678. da Nic. Toppi. Napoli 1678. in-fol.

—— Id. Addizioni copiose di Lionardo Nicodemo alla Biblioth. Napolitana da Nicolo Toppi. Napoli 1678. in-fol. 2 vol.

—— La même. Nap. 1683. in-fol.

Naudé, (Avis pour former une Bibliotheque, par G.) 2 Edit. Paris. 1644.

—— Gabrielis Naudæi Bibliographia Militaris, ex editione G. Schubarti. Ienæ, 1683. in-12.

Des Négocians, par de la Rue. Lyon, 1747. in-4°.

Des jeunes Négocians, ou l'Arithmétique à leur usage, par le même. Paris, 1747. in-4°.

NE. NI. NO.

Neuville, Secrétaire du Roi & Fermier Général. Paris. Coustelier. 1757. *in*-8°.

Nichault, Avocat au Parlement. Paris. Martin. 1752.

Nicoliana, Amstelodami. 1698. *in*-12.

Niert, Valet de Chambre du Roi. Paris. Martin. 1749.

Noailles, Maréchal de France. Paris. Gandoin & Piget. 1740.

Noiret. (l'Abbé) Paris. Martin. 1747. *in*-8°.

Nolin. Parisiis. 1710.

Le Normand. (Catalogue des Livres de M. l'Abbé) Paris. Bauche, fils. 1753.

Nouvelles de la République des Lettres depuis le mois de Mars 1684 jusqu'au mois d'Avril inclusiv. (par Pierre Bayle & Jean Barin) avec la continuation de Jacques Bernard, depuis le mois de Janvier 1699 jusqu'à Mars 1703. inclus. & une nouvelle reprise du même ouvrage, depuis Janvier 1716 jusques à Décembre 1717 inclusiv. Amsterdam. 1684 & suiv. 72. vol. *in*-12

Nouvelle Bibliotheque choisie, où l'on fait connoître les bons livres & l'usage qu'on en doit faire. Amsterdam. 1714. 2 vol. *in*-12.

Nouvelle Bibliotheque, ou Histoire lit-

NO. NU.

téraire des principaux Ecrits &c. depuis Octob. 1738 jusqu'au mois de Mars 1744: La Haye. 19 vol. *in*-12.

Nouvelliste (le) du Parnasse, ou Réflexions sur les Ouvrages nouveaux par les sieurs Abbés Desfontaines, & Granet. *in*-12. 3 vol. Paris. 1731. & suivantes. Le même. Paris. 1734. 2 vol. *in*-12.

Nummaria, (Bibliotheca) par Dom. Anselme Bandhoury, Bibliothecaire du Grand Duc. Paris. 1718. 2 vol. *in-fol.*

OB. OI. OL.

OBservationes selectæ ad rem litterariam pertinentes. Halæ Magdeburgicæ. 1700 à 1715. 11 vol. *in*-8°.

Observations sur les Ecrits modernes, par les sieurs Abbés Guyot des Fontaines & Granet. Paris. 1735. — 1743 in-12. 33 vol. & quelques feuilles.

— Suite de ces Observations, par l'Abbé des Fontaines, sous le titre de Jugemens sur quelques Ouvrages nouveaux. Avignon, Paris. 1744. 11 vol. *in*-12.

Observations sur la Littérature moderne, par M. l'Abbé de la Porte. Paris. 1750, 1752. 9 vol. *in*-12.

Oiseliana, Lug. Bat. 1688. *in*-8°.

Oliva, (l'Abbé) Bibliothecaire de S. A. M. le Prince de Soubise. Paris, Martin. 1757. *in*-8°. *Vz*. Bibliothéque de feu M. le Cardinal de Rohan, ci-devant aux Bibliothéques publiques, n° 19.

Orientale (Epitome de la Bibliotheque Orientale & Occidentale) par Antoine de Leon. 1629. *in*-4°.

Orientale, ou Dictionnaire Universel contenant tout ce qui regarde les Peuples de l'Orient, par d'Herbelot. Paris 1697. *in-fol.*

Bibliotheque (Oriental, y Occidental, por Leon Pinello. Madrid. 1737. 3 vol. *in-fol.*

—— Henrici Hottengeri promptuarium sive Bibliotheca Orientalis. Hildebergæ. 1658. *in*-4°.

Orientalis Bibliotheca. —— *Vz*. Vaticana.

Orleans, (Description sommaire des pierres gravées & des médailles d'or antiques du Cabinet de feu Madame la Duchesse d'Orleans. Paris. d'Houry. 1727.

—— Id. Catalogue des Livres de feu M. le Chevalier d'Orléans, Grand Prieur de France. Paris. Bauche. 1748.

Orry de Fulvy, Intendant des Finances. Paris. Musier. 1752.

Orsane, Chanoine & Chantre de Paris. Rolin. 1729.

OU. OX.

Ouvrage des Sçavans, (Histoire des) depuis le mois de Septembre 1687 jusqu'au mois de Décembre 1699. inclusiv. par Henry Basnage de Bauval. Rotterd. Leers. 1687. &c. 25 vol. *in-12.*

Oxonia illustrata sive Collegiorum, Aularum, Bibliothecæ Bodleianæ, scholarum publicarum Theatri Sheldoniani, & urbis Scenographia. Oxonii. 1675. *in-fol.* —— *Vz.* Bodleiana.

PA.

PAgeau, Avocat au Parlement.

Paillet des Brunieres, Avocat au Parlement. Paris. de Bure. 1754.

Pajot de Villers. Paris. Martin. 1740.

Pajot, Comte d'Onsembray. Paris. Martin & Damonneville. 1756. *in-8°.*

Pays-Bas (Franc. Sweertii Athenæ Belgicæ sivè Nomenclator scriptorum inferioris Germaniæ. Antuerpiæ. 1628. *in fol.*

Parisiana (Bibliographia) Lud. Jacob. Parisiis. 1651. *in-4°.*

Paris, (Introduction à l'Histoire des principales Bibliotheques de Paris) par Daniel Maichel, imprimé à Cambrige en 1721. *in-8°.* —— *Vz.* Mercure de Juillet. 1729. pag. 1587.

Parisot. Paris, Martin, 1756.

PA. PE.

Parquet, Chanoine de N. D. ancien Curé de S. Nicolas des Champs. Paris. Martin. 1757. *in*-8°.

Patavina Bibliotheca. Phil. Tomasini. Utini. 1639. *in*-4°.

—— Ejusdem Gymnasium Patavinum. Utini. 1654. *in*-4°.

Patrum (Bibliotheca veterum Patrum per Margarinum de la Bigne.) Paris. 1609. 6 T. 4 vol. *in-fol.*

—— Eadem, Coloniæ. 1618. 15 vol. *in-fol.*

—— Eadem, Auctore Phratto. Paris. 1654. *in-fol.*

—— Ead. concionatoria sanctorum Patrum, edente Petro Pijartio. Paris. 1653. *in-fol.*

—— Eadem, Maxima Patrum, ex edit. Phil. Despont. Lugd. 1677. 27 vol. *in-fol.*

Patrum, Græcè-Latinè. Parisiis. 1624. 2 vol. *in-fol.*

Patrum Apostolicorum Gr. Lat. continens Sanctorum Clementis, Ignatii, Polycarpi Epistolas. Accedit Th. Ittigii dissertatio de Patribus Apostolicis, &c. Lipsiæ. 1699. *in*-8°.

Le Pelletier des Forts. Paris, Barrois. 1741. *in*-8°.

Perrin. (le Chevalier) Paris Damonneville. 1754. *in*-8°.

PE. PH.

Perrin, Secrétaire du Roi. Paris. Guerin & la Tour. 1755. *in*-12.

Peruse, (August. Oldoini) Athæneum Augustum seu de scriptis Perusinorum. Perusiæ. 1678. *in*-4°.

Petaviana & Marsartiana. la Haye. 1722. *in*-8°.

Petis de la Croix, Secrétaire, Interprète du Roi. Paris. Martin. 1756.

Pharmaceutico-Medica, (Mangeti Bibliotheca) Genevæ. 1703. 2 vol. *in-fol.*

Phelippeana. (Phelippeaux) Parisiis. 1729.

Phelippeaux, Comte de Pontchartrain, & de M. le Comte d'Aurry. Paris. 1747. *in*-8°.

Des Philosophes Chimiques. Par. 1678. 2 vol. *in*-12. La même. Paris 1741. 3 v. *in*-12. La même, nouvelle édit. 4 vol. *in*-12.

Des Philosophes & des Sçavans tant anciens que modernes, par Gautier. Paris Cailleau. 1723. 2 vol. *in*-8°.

Philosophique, (Burc. Gotthelffi Bibliotheca philosophica in suas classes distributa editio III. cum supplementis Joan. Henr. Ackeri. Ienæ. 1712. *in*-8°.

Photii Bibliotheca librorum quos legit & censuit græcè & latinè interprete Andrea Schotti cum illius & Davidis Hoeschelii notis. Aug. Vindelicorum. (Ausbourg) 1650. *in-fol.*

— Id. Rothomagi. 1653. *in-fol.*

De Phisique & d'Histoire naturelle recueillis des Journaux Etrangers & François, par l'Abbé Lambert, Pensionnaire du Roi. Paris. Veuve David. 1757. 5. vol. *in*-12.

Pirot. Paris. 1717.

Pistorensis Afr. Ant. Zachariæ descripta. Augustæ Taurinorum. 1652. *in-fol.*

Placcii, (Vincentii) Theatrum Anonymorum & Pseudonymorum Hamburgi. 1708. 2 vol. *in-fol.*

Plantiniana, (Index librorum qui ex Typographia Plantiniana prodierunt) Antuerpiæ. 1615.

Des Poëtes Latins & François, (par Noblot) Paris. 1731. *in*-12.

— La même. 1751.

Poëtique ou nouveau choix des plus belles piéces de vers depuis Marot jusques aux Poëtes de nos jours, avec leurs vies, & des remarques sur leurs Ouvrages, par le Fort de la Moriniere. Paris. Briasson. 1745. 4 vol. *in*-4°.

Du Poitou, contenant les vies des Sçavans de cette Province depuis le troisiéme siécle jusques à présent, & une notice de leurs Ouvrages, par Joseph-François Dreux du Radier, Avocat au Parlement. Paris. Ganeau. 1754. 5 vol. *in*-12.

Politique, (Bibliographia historico-politico-philologica curiosa, quid in quovis scriptore laudem censuramve mereatur exhibens cum præfixa de studio Politico instituendo Epistola. Germanopoli. 1696. *in*-8°.

Pologne, (Bibliotheca fratrum Polonorum, quos Unitarios vocant (Fausti Sosini) instructa operibus Socini, Crellii, Slichtingii, Volzogenii, Pricovii & Brenii. Irenopoli (Amstelodami) 1656. &c. 10. v. *in-fol.*

Poloniæ & Prussiæ Catalogus & Indictum de Scriptoribus. Colon. 1723. *in*-4°.

Pons, (Prince de) Paris, Damonneville, 1756. *in*-8°.

Pont de Carles, ancien Avocat. Paris, Moette, 1701.

De Pontchartrain, Paris, Prault. 1747. *in*-8°.

Pontifes Romains, (Lud. Jacob à sancto Carolo Bibliotheca Pontificia, seu de Rom. Pontificibus qui scriptis claruerunt & Auctoribus qui eorum vitas ediderunt ac etiam de Hæreticis qui adversus illos ſcripſerunt. Lugduni. 1643. *in*-4°. — Id. Lipſiæ, 1677. *in*-4°.

— Eadem Romæ, 1698. & ann. ſequent. 21 vol. *in-fol.*

Pope Blount, (Thomæ) cenſura celebriorum Authorum, ſive tractatus in quo virorum doctorum de clariſſimis cujuſque ſæculi ſcriptoribus judicia traduntur. Londini, 1690. *in-fol.*

Portugal, Mémoires hiſtoriques, politiques & littéraires, concernant le Portugal avec la Biblioteque des Ecrivains & des Hiſtoriens de ſes Etats, par le Chevalier d'Oliveyra. La Haye, 1743. 2 v. *in*-12.

Poſſevini (Antonii) Bibliotheca ſelecta. Coloniæ, 1607. *in-fol.*

Potier, ancien Avocat au Parlement. Paris, Morel. 1757. *in*-8°.

Potras. Paris, 1726.

Pouilly. Paris, Martin. 1728.

Des Prédicateurs, par le P. Vincent Houdry. Lyon. 1712. & ſuiv. 12 vol. *in*-4°.

— La même, Lyon. 1731 & ſuivantes. 22 vol. *in*-12.

Prédicateurs, Petri Blanchot Bibliotheca concionatoria aucta à Mich. de Lanoux. Paris, 1643. *in*-4°.

PR. PU.

—— Eadem edita 1. à P. Per. Blanchot. 2. à Mich. de Lanoux. Tertia editio labore P. Petri Pijarcii. Trecis Oudot. 1654. *in-fol.*

—— Eadem Lud. Bail, Paris, la Caille. 1666. *in-4°.*

Præmonstratensis per Joan. le Paige, Paris. 1632. *in-fol.*

Prescheurs, (Jac. Quetif & Jac. Echard Scriptores ord. Prædicatorum recensiti, notisque historicis & criticis illustrati. Paris. 1719 & 1721. 2 vol. *in-fol.*

Prevost, Avocat au Parlement. Paris, Bauche, 1754.

Privat de Molieres. Paris, Mathey & de Lepine, 1742.

Prohibitorum Librorum. — *Vz.* Index.

Promptuarium predicabile in quo divina incentiva ad usum concionatorum colliguntur, studio Joan. Renardini. Aug. 1618.

Provence, (Istoria degli scrittori fiorentini da Giulio Negri) Ferrara. 1722. *in-fol.*

Pruteliana. Aureliæ. 1721. *in-4°.*

Publiques, (Traité des plus belles Bibliotheques publiques & particulieres qui ont été & qui sont présentement dans le monde, par le P. Louis-Jacob Chalonois, Religieux Carme. Paris, 1644. 2 vol. *in-12.*

QU.

QUentin de Lorangere, (Catalogue raisonné des curiosités du Cabinet de feu M.) par Gersaint. Paris, Barrois, 1744. *in*-12.

Quiquebeuf, Avocat en Parlement. Damonneville. Paris, 1755. *in*-8°.

RA. RE.

RAbbinica Bibliotheca Magna Julii Bartoloccii; accedit Car. Jo. Imbonati Bibliotheca Latino Hebraïca. Romæ 1675. & 1694. 5 vol. *in-fol.*

Racine fils, (feu M.) Paris, Martin, 1755. *in*-12.

Raisonnée (Bibliotheque) des Ouvrages des Sçavans de l'Europe, depuis Juillet 1728. jusques en Juin 1752. Amsterd. 1728. & suiv. 52 vol. *in*-12. y compris la Table.

Rambouillet. — *Vz.* Comte de Toulouse.

Ramonet, ancien Avocat au Parlement. Paris, 1750.

La Religion vengée ou Réfutation des Auteurs impies, dédiée à Monseigneur le Dauphin, par une Société de Gens de Lettres. Paris, Chaubert & Hérissant, 1757 & 1758. 5 vol. *in*-12. Cet Ouvrage se continue.

Revole, (l'Abbé de) Paris, 1751.

RE. RH. RI. RO.

De Reynaud, Capitaine au Régiment de Belsunce. Paris, 1757. *in*-8°.

Rhetorum auctore Francisco Lejay, Societatis Jesu. Parisiis, 1725. 2 vol. *in*-4°.

Riccoboni, dit Lelio. Paris, 1730.

Rieux (du Président de) Paris, Barrois, 1747. *in*-8°.

Robert, ancien Avocat au Parlement. Paris, Martin, 1734.

Robinot, Secretaire du Roi, Paris, Martin, 1736.

Du Roi, (Livres doubles de la Bibliotheque) Paris, 1733. composée de 18000 volumes.

—— Id. Catalogue imprimé des Livres de la Bibliotheque du Roi. Paris, Imprimerie Royale, 1739. & suiv. 12 vol. *in-fol.*

On pourroit bien dire qu'au moyen de ce Catalogue on pourroit se passer de tous les autres.

—— Catalogus Codicum. MSS. Bibliothecæ regiæ. Parisiis, 1739. & seq. 4 vol. *in-fol.*

—— Id. Catalogue abregé des Recueils de pieces fugitives remis à la Bibliotheque du Roi, en l'année 1725. par M. Morel de Thoisy. *in*-4°.

Romaine, Prosp. Mandosii Bibliotheca

RO.

Romana, seu Scriptorum Romanorum centuriæ. Romæ, 1682 & 1692. 2. vol. *in*-4°.

— Id. August. Oldoini Athenæum Romanum seu de scriptis summorum Pontificum ac speudo Pontificum & Cardinalium. Perusiæ, 1676. *in*-4°.

Auteurs Romains, (Martini Hankii) de Romanarum rerum Scriptoribus Libri duo. Lipsiæ, 1688. 2 tom. en 1. v. *in* 4°.

Des Romans, de l'usage des Romans par M. Gordon de Percel, avec une *Bibliotheque* des Romans, par l'Abbé Lenglet du Fresnoy, & l'Histoire justifiée entre les Romans. Amst. 1734. 3 vol. *in*-12.

La Roque, Catalogue raisonné du Cabinet de M. le Chevalier de) par Gersaint, Paris, Barbou & *Simon*, 1745. *in*-12.

Rostgardiana, in duas partes divisa. Hafniæ. 1726. *in*-12.

De Rothelin, (Abbé) de l'Académie Françoise. Paris, Martin, 1746. *in*-8°.

— Catalogus Bibliothecæ Abbatis le Roy. Paris, Moette. 1758.

SA.

Sacra & Prophana Latinii, edente Dom. Macro. Romæ. 1677. *in fol.*

Sacra, (Jacobi le Long) sivè Syllabus MSS. codicum, editionum & versionum

textus

textus sacri, cum notis historicis & criticis. Parisiis, 1723. *in-fol.* 2. vol.

Saint Marc, (Divi Marci Bibliotheca Codicum Manuscriptorum per titulos digesta. Venetiis. 1740. *in-fol.*

Saint Martin, Conseiller au Parlement. Paris, Villette. 1735.

Saint Simon, (le Duc de) Paris, David. 1755. *in-8°.*

Saint Suplix. Parisiis, Robinot. 1731.

Sallengre, Mémoires historiques & critiques, Amsterdam, 1722. 3 vol. *in-8°.*

Salmoniana, (Francisci Salmon) Parisiis, Moette. 1737.

Sanderus, (Ant. Sanderi) Bibliotheca scriptorum varia de illustribus Antoniis. Duaci. 1637. *in-4°.*

Santeuil, (Abbé de) Paris, Barrois. 1742.

Sarraziana, Hagæ Comitum de Hondt. 1715. *in-8°.*

—— Id. Catalogue d'une Bibliotheque exquise, Bibliotheca Sarraziana; à laquelle on a ajouté le Cabinet de Manuscrits du fameux Juste Lipse. La Haye, Abraham Hondt. 1722.

Sarrasin, Avocat au Parlement. Paris, Damonneville. 1755. *in-12.*

SA. SC. SE.

Savalette, (Abbé de) Paris, 1755. *in*-12.

Saurin, (Jacobi) Ecclesiæ Gallicæ Pastoris. Hagæ Com. 1731. Hendr. *in*-8°.

Schalbruchiana. Parisiis, 1719. 2 vol. *in*-12.

Schomberg, (Bibliotheca selectissima, seu Catalogus Librorum D. Baronis de Schomberg.) Amst. Schouten. 1743. 2 vol. *in*-8°.

Schwartz, (Joannis Conradi) Liber de plagio litterario. Lipsiæ. 1706. *in*-8°.

Des Sciences & des Beaux Arts, Ouvrage périodique dont il paroit un volum tous les trois mois. Paris, Duchesne. 1754e & suivantes. — 4 vol. *in*-12. à 1755.

Scientiarum (Arcana studiorum omnium methodus, & Bibliotheca scientiarum librorumque, authore Alexandro Fichet.) Lugduni. 1669. *in*-8°.

Schotti Bibliotheca Hispaniæ, seu de Academiis, Bibliothecis & Scriptoribus Hispaniæ. Francf. 1608. *in*-4°.

Scott, (Roberti) Catalogus Librorum. Londini, 1674. *in*-4°.

Sebusiana, (Bibliotheca) sivè chartarum, fundationum, privilegiorum &c. à summis Pontificibus concessarum centu

SE. SH. SI.

tiæ. Lugduni. 1660. *in*-4°. Eadem 1666. *in*-4°.

Secousse, Avocat au Parlement, de l'Académie des Inscriptions & Belles Lettres, Paris, Barrois. 1755. *in*-8°.

Seguier, Catalogue des Mss. de la Bibliotheque du Chancelier Seguier. Paris, 1686. *in*-12.

Seguin, Président des Comtes. Paris, 1737. *in*-12.

Segur, (Président de) Gabriel Martin, Paris, 1755. *in*-12.

Selectissima. Lugd. Bat. 1729. 3 vol. *in*-8°.

—— Id. Hagæ comitum. 1747. *in*-8°.

Shadvell, Catalogue Anglois des Libraires. 1749.

Sicauld, ancien Avocat. Paris, Martin, 1743.

Sicile, (Antonii Mongitoris) Bibliotheca Sicula sivè de Scriptoribus Siculis notitiæ. Panormi. 1707 & 1714. 2 t. en 1 vol. *in-fol.*

Sidobre, Medecin du Roi. Paris, Morel. 1749.

Simon, (Bibliotheque critique de) avec des notes de Sanjorre. Basle, 1709. 2 vol. *in*-12.

Simon, Medecin. Paris, Martin. 1750.

SI. SL. SM. SO. SP. ST. SU.

Sionensis, Oxon. 1650. *in*-4°.

Sixti Senensis Bibliotheca sancta. Lugduni. 1575. *in-fol.*

—— Eadem. Coloniæ. 1626. *in*-4°.

Slusiana, (Bibliotheca Slusiana) seu Catalogus Librorum Jo. Gualteri Card. Slusii digestus à Franc. de Seine. Romæ. 1690. *in*-4°.

Smith, Catalogus Librorum rarissimorum ab artis Typographiæ inventoribus ante annum M. D. à Jos. Smith Anglo Venetiis degente. (Venise 1737.)

Smitiana. Lug. Bat. 1682. *in*-4°.

Societatis Jesu, (Systema Bibliothecæ Collegii Parisiensis) Paris. 1678. *in*-4°.

Sorel. —— *Vz.* Françoise.

Souchay, (l'Abbé) Paris, Mart. 1747.

Spizelii Bibliothecarum illustrium Arcana retecta, sivè designatio Mss. Theologicorum in præcipuis Europæ Bibliothecis extantium. Aug. Vind. 1668. *in*-8°.

Struvii, (Buccardi Gotthelfii) Introductio in notitiam rei Litterariæ ad usum Bibliothecarum, &c. Ienæ, 1710. *in*-4°.

Suede, (Acta litteraria Sueciæ ab anno 1720. ad annum 1724. publicata Upsaliæ. Rostochii. 1724. *in*-4°.

TA. TE.

TAblettes Dramatiques, contenant l'abrégé de l'Histoire des Théatres, par le Chevalier de Mouhy. Paris, Jorry. 1752. *in-8°*.

Tallard, (Duc de) Paris, Didot. 1756. *in 8°*.

Talmont, (Prince de) Marchenoir. 1736.

Talon, Président à Mortier. Paris, Barrois. 1744.

Targny, Docteur de Sorbonne. Paris, Gandouin. 1737.

Tassin. Paris, Martin, 1741.

Taurinensis, (Codices Mss. Bibliothecæ Regii Taurinensis Athenæi cum animadversionibus Josephi Pacini Ant. Rivautellæ, & Fr. Berthæ. Taurini 1749. 2 vol. *in-fol.*

Teisserii, (Antonii) Catalogus authorum qui Librorum catalogos, indices, &c. scriptis consignarunt. Genevæ. 1686. *in-4°*.

Telleriana, (M. le Tellier, Archevêque de Reims) Paris, Imprimerie Royale. 1693. *in-fol.* cum indice authorum alphabetico.

Terry Athlone, Roi d'armes & Généraliste d'Angleterre. Paris, Rondet. 1730.

Des Theatres, contenant le Catalogue alphabétique des Pieces dramatiques, Opera, &c. Paris, 1733. *in-8°.*

— Idem. Bibliotheque des Théatres, (par le ſieur Maupoint) Paris, 1733. *in-8°.*

— *Vz.* Tablettes Dramatiques.

ΔOKIMAΣTHΣ, *Sivè* de librorum circa res Theologicas approbatione, diſquiſitio hiſtorica. Antuerpiæ. 1708 *in-16.*

Theologie, (Rein. Henr. Rollii) Bibliotheca nobilium Theologorum, ſivè recenſus nobilium qui vel gradum quondam Theologicum, vel munus ſacrum conſecuti ſunt ſuo merito. Roſtochii. 1709. *in-8°.*

Thevenoſiana, (Thevenot) Lutetiæ Pariſiorum. 1694. *in-12.*

Thuana. Paris, 1629. 2 vol. *in-8°.*

— Id. Hamburgæ. 1704. *in-8°.*

Torcy, (Marquis de) Miniſtre & Secrétaire d'Etat. Paris, Barrois. 1755. *in-8°.*

Toſſe, (le Chevalier) Paris, 1746.

Toloſane, contenant les Arrêts de Geraud de Maynard, de Samuel, Deſcorbiac, &c. Paris, 1638. 2 vol. *in-fol.*

Toulouſe, (M. le Comte de) Paris, Martin, 1726.

Tours, (Egliſe de) Guill. Jouan & Vic-

TO. TR. TU.

toris d'Avanne Bibliotheca Mſs. Librorum Eccleſiæ Metropol. Turonenſis, Turonis. 1706. *in-8°.*

Treſſan, (Louis de Lavergne de) Archevêque de Rouen. Paris, Mart. 1734.

Tricheti du Freſne, (Raphaelis) Pariſiis, 1662. *in-4°.*

Triglandiana. Lug. Bat. 1706. *in-8°.*

Trinitaire, Antitrinitaire (Chriſtop. Sandii) Bibliotheca Anti-Trinitariorum, ſivè Catalogus Scriptorum qui dogma Trinitatis impugnarunt; accedunt alia ſcripta quæ compendium Hiſtoriæ Eccleſiaſt. Unitariorum vel Socinianorum exhibent. Freiſtadii. 1684. *in-8°.*

* Tugny, (Crozat de) Préſident. Paris, Thibouſt. 1751. *in-8°.*

Turgot. Paris, Piget. 1744.

Turgotiana, (Turgot de S. Clair) Epiſcopi Sagienſis, (Evêq. de Sées) Pariſiis, Martin, 1730. *in-8°.*

VA.

VAillant, (Catalogus Librorum venalium, apud Paulum Vaillant. London. 1745. *in-8°.*

Valentina, por Rodriguez continnada y aumentada por Ignatio Salalis. Valencia. 1747. *in-fol.*

Valois, de l'Academie des Inſcriptions

VA. VE.

& Belles-Lettres. Paris, Barrois. 1748.

Vander-Aa, Bibliotheca exquisitissima Librorum quos collegit Petrus Vander-Aa, Typographus. Francofurti. 1729. 3 vol. *in*-8°.

Vassé, (la Marquise de) Paris, Bauche. 1750. *in*-8°.

Le Vasseur, de Ribe & d'Orvilliers. Paris, Prault le fils. 1752.

Vaticana, Ragionamenti della libraria Vaticana da Mutio Pansa. Roma. 1590. *in*-4°.

Vaticana, (Joseph. Sim. Bibliotheca) Orientalis Clementino Vaticana recensens Mss. Codices Syriacos, Arabicos, Persicos, Turcicos, Hebraicos, Samaritanos, &c. ex Oriente jussu Clementis XI. conquisitos & Bibliothecæ Vaticanæ addictos cum singulorum Authorum vitis. Romæ, Typis Cong. de Prop. Fide. 1719. 1721. 1723. & suiv. 4 vol. *in-fol.*

Verdier, (la Bibliotheque d'Antoine du) Seigneur de Vauprivas, contenant aussi un Catalogue général d'Auteurs qui ont écrit en François avec le supplement Latin de Gesner, par le même du Verdier. Lyon. 1585. *in-fol.*

—— Catalogue des Curiosités naturelles du sieur Verdier. Paris, Jorry. 1756. *in*-12.

V E. V I.

Verdun, Journal historique sur les matieres du tems depuis la paix de Riswick, (en 1697. jusqu'à 1758.) Ce Journal a été commencé par M. C. J. Après lui M. *de la Barre*, de l'Académie Royale des Inscriptions & Belles-Lettres, fut chargé de cet Ouvrage en 1727, & l'a continué jusqu'à sa mort qui arriva le 24 Mai 1728. M. d'*Egly* de la même Académie fut alors chargé de ce travail. Après sa mort le 2 Mai 1749, le sieur *Bonnamy* de la même Académie a été proposé pour la continuation de ce Journal commencé au mois de Juillet 1704 jusqu'au 1 Juillet 1758, lequel compose avec deux supplémens 106 vol. qui font 2 par an de six mois en six dans chaque volume, dont on distribue un cahier tous les mois. Il s'imprime chez Ganeau, Libraire, à Paris, rue S. Severin aux Armes de Dombes.

Verrue, (Madame la Comtesse de) Paris, Martin 1737. *in*-8°.

Vffenbachiana, (Conradus ab Vffenbach) Francofurti ad Moenum, 1729 — 1731. 4 vol. *in*-8°.

Vilenbroukiana, (Viienbrock) Amst. 1729. 3 vol. *in*-8°.

Villemur, Paris, Barrois, 1753.

Vindobonensis, (Petri Lambecii) commentatorium de Bibliothecâ Cæſareâ Vindobonenſi Libri VIII. cum figuris, Vindobonæ. 1675. — 1669. 8 vol. *in-fol.*

— Danielis de Neſſal Catalogus ſive recenſio ſpecialis Codicum Mſs. Græcorum & Orientalium Bibliothecæ Vindobonenſis cum indicibus & additamentis ac figuris. Vindobonæ. 1690. 6 parties, 2 vol. *in-fol.*

— Jo. Frid. Reimani Bibliotheca Acroamatica comprehendens recenſionem ſpecialem omnium codicum Mſs. Bibliothecæ Cæſareæ Vindobonenſis. Hannoveræ. 1712. *in-8°.*

Vintimille, Archevêque de Paris. Martin, 1746. *in-8°.*

Vniverſail, (la Bibliotheque Univerſail) Bibliotheca exotica ſive Catalogus Officinalis, contenant le Catalogue de tous les livres qui ont été imprimés ce ſiécle paſſé, depuis l'an 1500 juſqu'à préſent 1610. Francfort, par Pierre Kopf, 1610. *in-4°.*

Univerſalis (Catalogus Librorum Bibliothecæ Univerſalis.) Lugduno Batavæ Leyde. 1716. *in fol.*

Univerſelle, ou Recueil de toutes les belles matieres de Théologie, d'hiſtoire, &c. par Paul Boyer. Paris, 1649. 2 v. *in-fol.*

UN. VO. UT.

—— des Historiens contenant leurs vies, par Louis-Ellies Dupin. Paris, 1707. 2 v. *in*-8°.

—— La même, Amsterd. 1708. *in*-4°.

—— La même, & Historique de l'année 1686 à 1693. 3 édit. 1700 & 1702. (par Jean le Clerc) Amsterdam, 1736. 26 vol. *in*-12.

—— Bibliotheque Universelle, contenant les Livres les plus capitaux, & les meilleures éditions qui sont à vendre à La Haye. La Haye, Gosse. 1742. *in*-8°.

—— Essais d'une Bibliotheque universelle par ordre Alphabétique, divisée en deux parties, la premiere contiendra les noms des Auteurs, leurs pays, leurs vies, &c. la seconde contiendra les Ouvrages selon les matieres.

—— *Vz*. Journal de Verdun, Février, 1749 p. 89.

Voetii (Gisberti) Londini. 1678. *in*-4°.

Volante, ou élite des piéces fugitives. Amsterdam, 1700. 2 vol. *in*-12.

De Vougny, (Abbé) & Conseiller au Parlement. Paris, Damonneville, 1754.

Voulges, (l'Abbé de) Paris, Martin. 1750. *in*-12.

Utrecht, (Catalogus Bibliothecæ Ultrajectinæ.) Traj. Bat. 1670. *in-fol.*

WA. WE. WI. WO.

WAddingi Scriptores Ord. Minorum. Romæ, 1650. *in-fol.*

Waltherus Indervelde. — *Vz.* Indervel-diana.

Wassenaar, (Bibliotheca Comitis de) *in-8°.*

Weimar, (Henrici Leonis Schurz Fleichii) notitia Bibliothecæ principalis Vivariensis. Franco-Furti. 1712. *in-4°.*

Westerloo, Bibliotheca. Bruxelles. 1734. *in-12.*

De Wit Dordael Comul. Dordaci Van Braam. 1724. *in-12.*

Wolfii Bibliotheca Hebræa, sive notitia authorum Hebræorum & Scriptorum Hebraïce exaratorum & conservatorum, Hamburgi. 1715. 2 vol. *in-4°.*

ZA. ZI.

ZAlusciana, (specimen Catalogi) codd. Mss. Bibliothecæ Zaluscianæ à Jo. Andrea Janoski exhibitum. Dresdæ. 1751. *in-8°.*

Zimmermanni, (Matthiæ) Florilegium Philologico-historicum, cum optimis Anthoribus qui de quâvis materiâ scripserunt, præmittitur diatriba de eruditione eleganti comparandâ. Misenæ. 1627. 1689. 2 vol. *in-4°.*

FIN.

APPROBATION.

J'Ai lû par ordre de Monseigneur le Chancelier un Manuscrit intitulé : *Dissertation sur les Bibliotheques*, *avec un Catalogue Alphabétique des Bibliothéques imprimées*; & je n'y ai rien trouvé qui puisse en empêcher l'impression. Fait à Paris le 25 Juillet 1757. *Signé* MICHAULT.

PRIVILEGE DU ROI.

LOUIS, par la grace de Dieu, Roi de France & de Navarre : a nos amés & féaux Conseillers les Gens tenans nos Cours de Parlement, Maîtres des Requêtes ordinaires de notre Hôtel, Grand Conseil, Prévôt de Paris, Baillifs, Sénéchaux, leurs Lieutenans Civils, & autres nos Justiciers qu'il appartiendra ; SALUT. Notre amé le S***. Nous a fait exposer qu'il désireroit faire imprimer & donner au Public un Ouvrage qui a pour titre : *Dissertation sur les Bibliotheques*, *tant de France que des Pays étrangers*, s'il nous plaisoit lui accorder nos Lettres de permission pour ce nécessaires. A CES CAUSES, voulant favorablement traiter l'Exposant, Nous lui avons permis & permettons par ces présentes, de faire imprimer ledit Ouvrage, autant de fois que bon lui semblera, & de le faire vendre & débiter par tout notre

Royaume, pendant le temps de trois années consécutives, a compter du jour de la date des présentes. Faisons défenses à tous Imprimeurs-Libraires & autres personnes, de quelque qualité & condition qu'elles soient, d'en introduire d'impression étrangere dans aucun lieu de notre obéissance; à la charge que ces présentes seront enregistrées tout au-long sur les Regiltres de la Communauté des Imprimeurs & Libraires de Paris dans trois mois de la date d'icelles; que l'impression dudit Ouvrage sera faite dans notre Royaume & non ailleurs, en bon papier & beaux caracteres, conformément à la feuille imprimée attachée pour modèle sous le contrescel des présentes; que l'Impétrant se conformera en tout aux Réglemens de la Librairie, & notamment à celui du 10 Avril 1725, qu'avant de l'exposer en vente le Manuscrit qui aura servi de copie à l'impression dudit Ouvrage, sera remis dans le même état où l'Approbation y aura été donnée, ès mains de notre très-cher & féal Chevalier Chancelier de France, le sieur DE LAMOIGNON: le tout à peine de nullité des présentes, du contenu desquelles vous mandons & enjoignons de faire jouir ledit Exposant & ses ayans cause pleinement & paisiblement, sans souffrir qu'il leur soit fait aucun trouble ou empêchement. Voulons que la copie des présentes, qui sera imprimée tout au long au commencement ou à la fin desdits Ouvrages, soit tenue pour duement signifiée, & qu'aux copies collationnées par l'un de nos amés & féaux Conseillers-Secrétaires foi soit ajoûtée comme à l'original. Commandons au premier notre Huissier ou Sergent sur ce requis, de faire pour l'exécution d'icelles tous actes requis & nécessaires sans demander autre permission, nonobstant clameur de Haro, Charte Normande, & Lettres à ce contraires : Car tel est notre plaisir. Donné à Choisy, le douziéme jour du mois de Mai, l'an de grace mil sept cent cinquante-huit, & de notre règne le quarante-troisiéme.

Par le Roi en son Conseil.

Signé, LE BEGUE.

Regiſtré sur le Regiſtre XIV. de la Chambre Royale des Libraires & Imprimeurs de Paris, n°. 382. fol. 337. conformément au Réglement de 1723, qui fait défenses art. 4. à toutes personnes, de quelque qualité & condition qu'elles soient, autres que les Libraires & Imprimeurs, de vendre, débiter & faire afficher aucuns Livres pour les vendre, en leurs noms, soit qu'ils s'en disent les Auteurs ou autrement, & à la charge de fournir à la susdite Chambre les neuf Exemplaires prescrits par l'art. 108. du même Réglement. A Paris le 22 Avril 1758.

P. G. LE MERCIER, Syndic.

www.ingramcontent.com/pod-product-compliance
Ingram Content Group UK Ltd.
Pitfield, Milton Keynes, MK11 3LW, UK
UKHW022105190726
13855UKWH00002B/662